子どもとの関係性を読み解く

教師のための
プロセスレコード

学校臨床力を磨く自己省察とグループ省察会

角田 豊［編著］

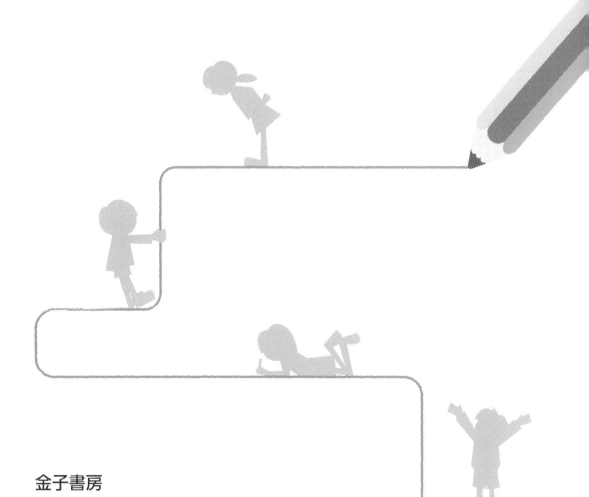

金子書房

はじめに

　教師と子どもの関係性を読み解くには，どうすればよいでしょうか。これは，学校教育で教師が毎日のように感じることです。特に「個別のかかわり」が求められる場面で，そうした思いを強く抱くのではないでしょうか。発達障害のある子どもや不登校の子どもへの支援，あるいは非行傾向にある子どもや逸脱行動への指導など，子どもの様々な行動とその心の状態を見立てながら，教師には幅広いかかわりが求められています。一方，ベテランの教師が大量に退職する中，中堅層は少なく，これからの学校現場は若い教師が多くなり，実践力をどのように向上していくかが，現場の大きな課題になっています。

　「学校臨床力」とは子どもの心を育む教師や学校の力量を指しており，生徒指導や特別支援教育，キャリア教育・進路指導，教育相談，特別活動など学校教育の様々な場面で基盤になる能力です。教師や学校全体の学校臨床力を高めていくには，自分達が子どもとどのようにかかわっているのかを，具体的にふり返ってみること（省察＝リフレクション）が欠かせません。筆者（角田）は臨床心理学を専門にしていますが，こうした考え方は，カウンセラーがこれまでに逐語的な面接記録を付けたり，スーパーヴィジョンを受けたり，事例研究を通して省察を行うといった訓練に共通しています。

　さて，本書のタイトルにもある「プロセスレコード」とは，もともとアメリカで生まれた看護師教育のための訓練・記録法で，日本にも紹介されていますが，看護領域以外ではあまり用いられていません。詳細は後の章に譲りますが，やり方としては，気になっている自分（教師）と子どもとの具体的なかかわり合いの場面をピックアップし，フォーマットに沿って，①子どもの言動，②自分が感じたことや考えたこと，③自分の言動，というふうに分けて書いていくシンプルなものです。その作業を通して，かかわり合いの流れ（プロセス）をふり返り，自分の内面（主観）も含めて客観化していきます。

　筆者は，京都連合教職大学院の授業で大学院生にプロセスレコードを書いてもらい，さらにグループ省察会を行っています。そこでわかってきたことは，若い大学院生にも，経験豊富な現職教員の大学院生にも，このやり方は役立つ可能性が高いというこ

とです。

　そのメリットは，①プロセスレコードを作成することが「自己省察」となって，子どもについての理解が深まり，かかわりについての気づきが得られること，また②それをもとに「グループ省察会」を行うと，他者からの意見をフィードバックされることで，自分にはない視点が得られ，ふり返りが深まるというものです。

　もちろん，プロセスレコードはひとつの方法にすぎず，やり方次第で役にも立ちますし，そうではないこともあります。特にグループ省察会を行う場合には，発表者と他の参加者の足並みが揃うことが大切で，両者をつなぐ進行役の司会者が重要です。

　その後，大学院だけではなく，教員研修の場でもプロセスレコードを用いるようになりました。幼・小・中・高・特別支援学校の教員が集まる数十名規模の教育相談の研修会で，プロセスレコードを参加者に作成してもらう機会がありました。その場でいきなり作成するようにお願いしたので，筆者自身どうなることかと思いましたが，プロセスレコードの意義を感じ取ってくれた教師が大勢いました。その時，筆者が驚いたのは，プロセスレコード作成後に，小グループに分かれて感想を話し合ってもらうと，ピアグループ的な「事例研究会」の場が自然発生的にいくつも生まれたことでした。

　自分が印象に残った子どもとのかかわり合いをプロセスレコードに書いていくと，次第にその時の状況が詳細に思い出され，自分の思いや気持ちに改めて向き合うことになります。研修会の場で１人の参加者が小グループで発表すると，周囲のメンバーも同じ作業をしていたので，とても共感的に耳を傾けることができ，お互いが真剣でかつサポーティブになれたようでした。

　この本では，1章で「学校臨床力」の内容を具体的に述べ，2章でその学校臨床力を高めるために，教師にとって「省察」がいかに大切かをお話しします。3章では「プロセスレコードの作成の仕方」を対話的に解説し，4章で「自己省察の実践例」について小学校・中学校・高校から2例ずつ，合計6つのプロセスレコードを紹介します。次の5章では，作成したプロセスレコードをもとにした「グループ省察会の進め方」を解説します。さらに6章で，グループ省察会の実際として，小学校2例と中学校1例のプロセスレコードとグループ省察会の様子，さらに発表者の感想を載せ，実際のグループ省察会から見えてきたことを紹介します。ここまでの実践例は，いずれも教職大学院生達が様々な現場で経験したものです。7章では，幼稚園の加配教員が，現場の記録としてプロセスレコードを用いた実践について紹介します。最後の8章では，大学の学部生達が教職科目で，相談場面のロールプレイを行い，それをプロセスレコードにしてふり返った3例を紹介します。

実践例には，いずれも筆者がコメントを付けていますので，プロセスレコード理解の一助として，あるいは学校臨床力を考えるきっかけとして，読んでいただければと思います。

　現職教員や教職を目指す大学院生や学部生の皆さんが，プロセスレコードを実際に使って自らの実践をふり返り，学校臨床力の向上に少しでも役立つことを心より願っています。時間とエネルギーが必要な作業ですが，省察を行う意義は必ずあると思います。

　2019年1月

　　　　　　　　　　　　　　　　　　　　　　　　　　　　　　　角田　豊

目次

はじめに　*i*

1章　学校臨床力と教師のふり返り（省察） ──────── 1

1．学校臨床力とは　2
2．多様性・個別性・関係性　2
3．臨床：個とチーム　3
4．安心感　3
5．枠組みの大切さ：父性と母性　4
6．教師の感性：子ども理解　6
7．教師の感性：自己理解　7
8．教師と子どもの関係性を読み解く：ふり返り（省察）　7
9．教師の自己対峙　10
10．最後に「学校臨床力」とは　11

2章　プロセスレコードによる省察 ──────── 13

1．省察的実践者とは　14
2．専門家と専門職（実践者）の違い　14
3．省察的実践者の感性：実践知を生む省察力　15
4．感性を磨く：ふり返りとしての省察　15
5．省察的実践者のまとめ：二つの省察　16
6．プロセスレコード　17

3章　プロセスレコードを書いてみよう ──────── 21

(1)エピソードタイトル　22
(2)この場面を選んだ理由　22
(3)子どもの言動　23
(4)私が感じたこと・考えたこと　23
(5)私の言動　24
(6)分析・考察　24
(7)私がこの場面から学んだこと　24

4章　自己省察としてのプロセスレコード：実践例 ―― 27

1．小学校における実践1（A君）　29
2．小学校における実践2（B君）　34
3．中学校における実践1（C子さん）　38
4．中学校における実践2（D君）　42
5．高校における実践1（E子さん）　46
6．高校における実践2（F子さん）　52

5章　プロセスレコードによるグループ省察会 ―― 57

1．グループ省察会の進め方　58
2．目的の共有と安心して報告できる場の提供　58
3．司会者とスーパーヴァイザー　59

6章　グループ省察会の実際 ―― 61

1．小学校における実践1（G君）　63
2．小学校における実践2（H君）　71
3．中学校における実践（I子さん）　77

7章　幼稚園現場でプロセスレコードを活用して ―― 85

1．幼稚園教師による報告　86
2．プロセスレコードを用いた実践2例　86
3．幼稚園教師による考察　91
4．「幼稚園現場でプロセスレコードを活用して」へのコメント　91

8章　学部生の教職科目：
ロールプレイをプロセスレコードで自己省察する ―― 95

1．授業の進め方　96
2．ロールプレイの実践例1　98
3．ロールプレイの実践例2　100
4．ロールプレイの実践例3　102

おわりに　104
文献　107
索引　109

本文イラスト　Mana

1章

学校臨床力と教師のふり返り（省察）

1．学校臨床力とは

「学校臨床力」という言葉は，耳慣れないと思います。ここで言う「学校臨床力」とは，子どもの「心を育む」教師や学校の力量を指しています[1]。これまでも生徒指導や特別支援教育，教育相談，キャリア教育，特別活動など様々な形で，子どもの「心を育む」活動が，学校教育の中で行われてきました。それらに共通する教師や学校の力とは，どのようなものなのでしょうか。また，今の時代や社会の中で子どもの「心を育む」には，どうしたらよいのでしょうか。ここでは「学校臨床力」という新しい言葉の意味を確認しながら，「心を育む」ために何が必要かを考え，そこに教師の「ふり返り（省察）」がとても大切になることを見ていきます。

2．多様性・個別性・関係性

現代の学校が直面する課題には，実に様々な問題があります。例えば「不登校」という状態を考えてみても，様々な要因がかかわる可能性があります。

まず，教師は自分が出会っている不登校の子どもの「個性・特徴」を，少しでもわかる必要があります。性格や学力，身体的な特徴，そして生まれつきの発達特性（自閉症・ADHD・LDなどの発達障害やそうした傾向）がどのような子どもなのでしょうか。また，乳児期・幼児期・児童期・思春期・青年期といった発達段階に特有の課題（例．児童期の勤勉性と劣等感，青年期のアイデンティティ形成など）を，その子はどう乗り越えたり，行き詰まったりしているのでしょうか。

次に子どもを取り巻く「現在の状況」について把握する必要があります。家庭のありようは実に様々で，経済状況や貧困の問題，文化や国籍や言語の違いが，不登校に影響しているのかもしれません。虐待や夫婦関係のもつれなど，家族内の人間関係が，子どもに直接あるいは間接的に影響することもあります。兄弟姉妹との関係で悩んでいる子どももいます。他にも，家庭の人間関係は安定しているけれど，学校やSNS等ネットの世界でいじめられていたり，教師にわかってもらえない状態が続けば，学校に来づらくなるのはもっともなことかもしれません。

さらに「背景としての生活史」もあります。生まれてからこれまでに養育者との間でどのような愛着関係を築き，その中で子どもはどのように自己を育んできたのでしょうか。こうした「関係のひな型」は，現在の学校における友人関係や教師との関係にも影響しています。

このように，ある子どもの「不登校」について考える際にも，様々な角度から，子ども

本人や周囲や背景も含めて理解を進める必要があります。

　言葉を換えると，現代の教師には「多様性」「個別性」の視点が求められ，それらを踏まえつつ実際に子どもとかかわり合うという「関係性」が求められています。多様な子ども・家庭があり，マニュアル化した対応ではなかなか役に立ちません。教師や学校が一方的にかかわるのではなく，教師は子どもや家庭と双方向にコミュニケーションをとりながら関係を築き，これまでのかかわり合いをふり返りつつ，今出会っている子どもや家庭に役立つ個別の対応を，その教師なりに見いだすことが今の学校教育には求められています。

3．臨床：個とチーム

　「学校臨床力」の中には「臨床」という言葉が入っています。「臨床」には，個に応じたかかわりという意味があります。

　教師とは，2017年に示された学習指導要領[2]にあるように，集団の指導・支援を行う「ガイダンス」と個に応じた指導・支援を行う「カウンセリング」の両面が求められる仕事です。その両立は難しい場合もありますが，どちらだけでは学校教育が成り立たないのも事実ではないでしょうか。

　担任1人では守備範囲に限界があるのは当然です。それゆえ，教師一人ひとりの学校臨床力に加えて，「チーム」としての学校臨床力も欠かせません。補助教員や支援員が教室に入ることや，スクールカウンセラーやスクールソーシャルワーカーあるいはかかわりのある教職員が連携して動くこと，学年や学校が情報や方向性を共有すること，地域や外部機関と連携することなど，学校は本来，組織として力を発揮しうる体制にあります。

　チームとして考えた場合は，教職員や学校内外の関係者が知恵を出し合い，子どもや家庭を連携して支えることが，組織の学校臨床力と言えます。学校内に限って言えば，チームが協働することで個々の教師をバックアップする効果が期待できます。

　学校臨床力とは「人間関係に開かれながら，子ども（さらには家庭）に何が必要かを見立て，かかわっていく力」と言えます。つまり，生徒指導や特別支援教育，教育相談，キャリア教育，特別活動，さらには広く学習指導においても，学校臨床力は基盤になる能力になります。この定義をベースにしながら，さらに「学校臨床力」を詳しく見ていきます。

4．安心感

　子どもの心を育んでいくには，何が必要になるのでしょうか。筆者は，一番基本になるのは「安心感」だと思います。安心できる場にいると，子どもは自由に遊ぶことができま

す。

　遊ぶだけでは教育にならないと言う人がいるかもしれません。しかし、健康な遊びには「積極性」や「想像性」さらに「創造性」が伴っています。例えば、幼児が粘土遊びに集中している姿や、人形でごっこ遊びに夢中になっている様子を想像してみて下さい。子どもの心は自由に活動していますが、決して無秩序ではなく集中しています。また、楽しんでいますが、真剣でもあります。

　自分が自由に使える一定の時間と場所があると、子どもは遊びを通して何かを試したり、生み出したり、整理したりすることができます。これらは心の活動のとても重要な要素です。実は学習にもこうした遊びの要素は欠かせません。

　子どもが「わかった！」と思う時は、心の中で何かがつながる創造的な瞬間です。それが「もっと知りたい」とやる気（学習意欲）を高めます。このように心の中で何かが生み出されるには、時間と空間の余裕、つまり遊べる「間」や「場」が必要です。一方で我慢や気持ちのコントロールを身につけながら、他方ではこうした「面白い」と感じたことを大事にし、自分で自由に取り組めることが、主体的に学ぶ姿勢につながります。それは、将来の仕事や生き方にも結びついていきます。

5．枠組みの大切さ：父性と母性

　前節で述べた子どもが「安心して過ごせる環境」を教師が提供することは、学校生活のあらゆる場面の基礎と言えます。安心して過ごすには、子どもにとってしっかりとした「枠組み」があり、それらが物理的・心理的に自分を守ってくれると実感できることが必要です。「枠組み」には、守りやガードといったニュアンスがありますし、場や空間をしつらえる、あるいは区切るという意味があります。

　安心できる「枠組み」をつくるには、「厳しくて優しい先生」というように、ある意味正反対の姿勢が必要になります。こうした「厳しさ」や「優しさ」は、もともと家庭で保護者が子育ての中で行ってきたかかわりです。「父性」や「母性」という言葉は、子どもを育むために必要なかかわりを指しており、父性は厳しさ、母性は優しさを示しています。しかし、現実を見れば、「甘いパパ」もいれば、「恐いお母ちゃん」もいます。かかわり方は、保護者によって違いが大きいものですし、時と場合によって同じ人でも変化します。子ども達を育む教師にもこうした両面が必要と言えます。言い換えると、学校臨床力には、父性的な要素と母性的な要素が必ず含まれており、それらがバランスをとりながら子ども達に安心できる枠組みをつくります。図1[1]を見ながら、父性と母性についてもう少し詳しく見てみましょう。

　安心できる空間を維持するには、その枠組みを守る「父性的な働き」がいります。外敵

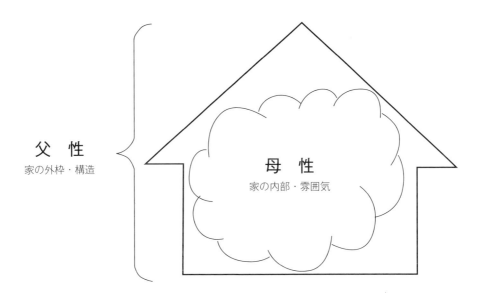

図1　父性と母性がつくる子どもが成長する空間（角田・片山・小松, 2016）

の侵入を防ぎ，中の子どもが多少無茶をしても壊れないで，壁として持ち堪えられるような，揺るぎなさが父性の役割です。図1のイメージでは，家の「屋根」や「壁」といった外枠にあたります。心理的に見れば，ルールを堅持することや，内と外の境界をはっきりと区別することです。ダメなことを叱ったり，こうするべきだと諭す・指導することが含まれます。しかし，父性にはプラス・マイナス両面があります。子どもの状態に合わない父性であれば，一方的な押し付けや理不尽さが子どもに伝わるだけになります。

　その一方で，空間の中で子どもがどのような状態にあるのかを，きめ細やかに受けとめ，必要なケアを提供する「母性的な働き」が子どもには必要です。赤ちゃんの世話をするように，栄養を摂らせ，安心して眠らせることをはじめ，心の状態に波長を合わせて応答することや，疲れたり怖くなった時の逃げ場や安全基地の役割を母性が果たします。図1では内部の温かさや安らぎといった雰囲気として描いています。父性と同様に母性にもプラス・マイナス両面があります。子どもの状態に合わない母性であれば，自立の機会を奪い子どもの分離を許さないかもしれません。

　大事なことは，父性と母性のバランスがとれた空間を，子どもが体験しているかどうかです。シンプルな見立てとしては，「今この子どもに必要なのは，父性的に指導することか，あるいは母性的に支援することか，そして2つのかかわりのバランスがどうなっているのか」ということになります。

６．教師の感性：子ども理解

　安心感のある枠組みを意識しながら，多様性・個別性・関係性をもって教育を行うには，「子どもや家庭を細やかに理解する」ことが必要です。そうは言っても，目まぐるしく多忙な中で，教師は子ども達と日々接しています。その中で行われる子ども理解とは，ゆっくり立ち止まって考えるというよりも，五感を通した感覚的な理解，つまり「感性」による理解が多いと言えるでしょう。教師だけでなく，医療や福祉などの実践的な専門職にある人は，かかわり合いの中で，こうした「感性」によって理解し，かかわっていくことが多いと言えます。

　ここで言う「感性」とは，教師－子どもの人間関係についての感受性です。自分が出会っている子どもが，どのような状態にあるのか，それを少しでも感じ取りながら，教師は子どもに対応しています。「子ども理解」なんて当たり前のことで，いつもしていると言う教師がいるかもしれません。しかし，表面しか見ていなかったり，思い込みや，わかったつもりになっていることは，教師に限らず誰にでもあるものです。教育現場で使われるフレーズに「生徒指導（あるいは教育）は，生徒理解に始まり生徒理解に終わる」というものがあります。これは，子ども理解に終点はなく，かかわっていれば，新たな気づきは常にあることを表しています。

　臨床心理学の知見からすると，人の心とは，意識と無意識から成り立つように多層的であり，嫌悪的な出来事からは身を守ろうと防衛する働きがあり，少しでも自分らしくあろうと，常に内部で調節が起こる力動的なものと言えます。つまり，心の状態は刻一刻と変化しますし，今表に現れている言動は，ちょうど氷山の一角のようなものです。

　葛藤を抱えていれば，その人の本音は矛盾する２つの事柄の両方かもしれません。自分でやりたい（自立したい）けれど，保護者に甘えたい（依存したい）というようにです。子どもの心とは，常に「自己調節」をして何とかバランスをとろうとしており，いくらかは子ども自身も気づいていますが，よくわからないままの行動も多いものです。自立したいけれど依存もしたいといった葛藤した思いは，なかなか調節しにくいものです。

　目の前の子どもとかかわっていれば，子どもの言葉，声のトーンやテンポ，表情，態度や行動など，教師は五感を通じて様々なメッセージを受け取ることになります。それらに，教師も気づいていることもあれば，知らないうちに受け取っていることもあり，後になってそういうことだったのかと気づくこともあります。それゆえ，少しでも子ども理解を確かなものにするために，自分の感性の特徴をよく知り，磨く必要があります。

7．教師の感性：自己理解

　先述の教師の感性は「子どもの状態」に向けられていましたが，他に向けるところはないでしょうか。自分がかかわっている子どものことを理解するなら，そこには教師と子どもという2人の「関係」があります。つまり，人間関係を理解する必要があり，それにはもう一方の当事者である教師自身についての「自己理解」が欠かせません。つまり，感性は「自分」にも向けられる必要があります。

　教師自身の気持ちや，その時に何を考えたかといった「主観」は，人間関係を構成する大きな要因です。ときどき，教師が主観をできるだけ省いて，子どもについて語ろうとするのを聞く機会があります。確かに，公式文書に教師の個人的な思いを書くのは見当違いでしょう。しかし，当事者である教師が報告するケース会議や事例検討会，あるいは省察会をするような場合には，教師の主観という情報がないと，子ども理解は深まりませんし，2人の関係性も見えてきません。一方の当事者（教師）が見えないまま，もう片方（子ども）のことだけを語られても，半分しか幕が上がっていない舞台を見るようなことになり，何が起こっているのかはよくわかりません。

　実際の場面では，教師の「感情」も様々に動いています。焦ったり不安になったりしながら，瞬時に考え，時には自分でもよくわからないまま，子どもに向かって言葉を発し，態度に示しています。つまり，教師の心の「自己調節」も，半ば意識的に半ば自動的に行われています。教師自身の性格やこれまでの経験も，そこには大きく影響しています。

　このように実際の教師と子どものかかわり合いでは，子どもの心の動き（自己調節）もあれば，教師の心の動き（自己調節）もあり，その両方を見ようとすることが，人間関係にオープンな姿勢を生み出すことになります。特に，当事者でありかかわり手である教師が，自己理解をしようとすることは，自分を客観化するという大切な作業になり，それは自分にとって意味があるだけではなく，かかわっている子どもにとっても，前に進むための貴重なきっかけになる可能性をもっています。

8．教師と子どもの関係性を読み解く：ふり返り（省察）

　2人の関係性を読み解くには，前節のたとえを使うと，2人が登場する舞台を，少し離れて眺める視点が必要になります。つまり，「観客・第三者」の視点です。と言っても，自分が舞台に登場しながら観客になるというのは難しいことです。現実にできることは，事後にふり返ってみることです。「省察（reflection）」とも言います。これは，やろうと思えば，誰にでもできます。ただし時間とエネルギーが必要ですし，ふり返りの方法を知

っていると，ずいぶんやりやすくなります。つづく章で紹介していきますが，この本のメインテーマである「プロセスレコード」は，具体的な省察法です。

まず，何をふり返るかですが，それはここまでに見てきた事柄です。つまり，感性でキャッチし対応したことをふり返って，改めて意識的・言語的に把握するのです。ふり返りの対象は，大きく分けると3つになります。図2[3]を使いながら見ていきましょう。

まず，教師－子ども関係で考えると，図2の右側の「相手」が子どもになります。その子の心の状態が「自己感」です。元気だったり，沈んでいたり，自己感は様々に変化します。認知，思考，記憶，感情は，心の中の「働き」の代表的なものをあげています。また，上下に向かった矢印はそれらが働き，自己感が安定できるように「自己調節」を行っていることを表しています。

実際の場面で教師は，自分がかかわっている子どもを理解しようとしています。ふり返りのひとつめは，子どもの自己調節のあり方を，少しでもとらえ直すことです。表面に現れた子どもの言葉や行動がありますが，それらの意味や背景をふり返って考える機会は，子ども理解を深める上でとても大切なことです。6節で触れたように，子ども自身がそれに気づいていることもあれば，知らぬ間に動いているようなこともあります。調節とは，いつも適応的にうまくいくとは限りません。何とかバランスをとろうとしているのですが，それは結果的に問題行動として表面化することは多いものです。

二つめは，図の左側にある「自分」，すなわち教師自身についてです。子どもと同じように，教師にも自己感があり，心の機能があり，自己調節の働きがあります。自分自身

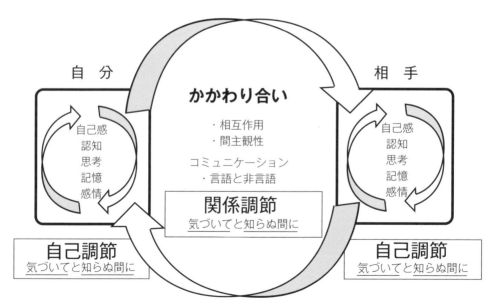

図2　ふり返り（省察）の対象（角田・柴崎，2017）

のことですが，やはり気づいていることもあれば，知らぬ間に動いていることもあります。かかわり方がよくわからず，苛立った思いを子どもにぶつけてしまい後で後悔した，という経験がある教師もいるでしょう。これはマイナスの作用かもしれませんが，その場における教師の自己調節のひとつの結果です。子どもとのやり取りの中で感覚的にキャッチしたことを，改めてもう一度，今までの経過と照らして考えてみると，自分の苛立ちの理由が見えてくるかもしれません。

そして，三つめは 2 人がかかわり合うことで生じる「関係調節」について，ふり返ってみることです。2 人がかかわり合うと，意図的あるいは気づかぬうちに相互交流をしながら，2 人の間でも調節し合う働きが生まれます。こうした関係調節がうまく行われると，自己調節の不調も改善されていきます。

例えば，泣いている乳児を養育者があやしている場面を思い浮かべて下さい。空腹か眠いのかわかりませんが，赤ちゃんの自己調節はうまくいっておらず，不調を訴えて泣いています。養育者は，先ほどミルクを十分飲ませたので，そろそろ眠いのだろうと背中をとんとんリズミカルに叩きながらあやしていると，赤ちゃんは次第に泣きやみ，眠りに入っていきました。赤ちゃんの自己調節は，関係調節によって改善されました。同時に，養育者もはじめは赤ちゃんが急に泣き出して心配しましたが，赤ちゃんの状態を理解し対応できたことに喜びを感じ，赤ちゃんの寝顔を見て安心感を分かち合っています。つまり，養育者の自己感も安定することになりました。

このように 2 人がかかわり合うことで関係調節が行われ，各々がその影響を受けて自己調節が進み，不調が改善される場合があります。人間は，自分 1 人で自己調節をうまくできないことも多く，こうした関係調節が他の生物以上に必要な生き物と言えます。

先の例に戻りますが，赤ちゃんがすぐにまた泣き出し，先ほどよりも激しく泣くと，養育者は困ってしまいます。いろいろ試しますが，どうも思うように進まず，2 人の自己感はどんどん悪化していきます。このような状態が日々繰り返されれば，やがて養育者は赤ちゃんの気を逸らすことばかりに一生懸命になったり，力で押さえつけたりするかもしれません。赤ちゃんの方は，それ以上不快な状態にならないように，不調を訴えることを諦め，内に閉じこもるようになるかもしれません。このように，関係調節は，どちらの成長促進にもならずに，妥協のパターンになることがあります。

現実の対人場面では，このようにうまくいったり，いかなかったりと，プラスとマイナスの両面のかかわり合いが常に生じています。結果はもちろん重要ですが，その善し悪しだけにこだわるのではなく，2 人の関係調節のあり方がどうなっているのか，そのことについて少し距離を置いて眺めることが，これからのかかわりの方向性を考える際には重要です。

家庭であれ学校であれ，主観を持った人と人とがかかわり合うことで，対人関係の場が生まれています。こうした複数の人によって共有される場やかかわり合いを「間主観

性（intersubjectivity）」⁽⁴⁾と呼ぶことがあります。ここまでに述べてきた「ふり返り（省察）」は，精神力動的な心理療法でいう「間主観的アプローチ」⁽⁵⁾と見ることができます。つまり，舞台に立って当事者としてかかわり合いながらも，何とか観客の位置から見るような，少し距離を置いた見方で状況を把握しようとするアプローチです。教師がこうした視点を身につけていくことは，児童生徒理解の質を高め，アセスメントの正確さにつながっていきます。

9．教師の自己対峙

　先の7節に関連しますが，教師個人の体験に焦点を当てる意義には，自他の理解だけではなく，さらに積極的な理由があります。それは，子どもとの関係の中で，自分の内側の「思い」と，外に表れた「言葉や行動」との間のズレに敏感になるということです。つまり，そのズレを減らしていくことが，学校臨床力のひとつの鍵になると言えます。

　例えば，本当は心からそう思っていないのに，保身のための言動を教師がつづけているなら，子どもが不信感を抱くようになるのは明らかでしょう。そこまで極端ではありませんが，例えば，教師としてはある子どもが自分なりに努力してきたことを知っていたので，今教室でその子が起こした問題をどう注意するのかに迷ったとします。他の子ども達も見ている状況で，その問題への教師の対応が問われている場面です。教師は集団を意識し，思わず強く叱ることになりました。対象の子どもは，教師に訴えるような眼差しを見せましたが，結局指示には従い，その場は収まったようでした。その教師は，それで良かったように思いましたが，自分の指導が本当にその子のためになったのか？　という「思い」が残ることになりました。

　どういう対応がその子どもにとって良かったのか，正解はその場ではわからない方が多いかもしれません。だからこそ，自分が取った言動は，どういう思いに裏打ちされているのかを自覚し，子どもの成長に必要だと思える選択をその時に自分ができたのかどうか考えることは，その教師の今後の子どもとのかかわりに大きく影響すると言えます。

　先の他の子の手前強く叱った例であれば，教師の内面には，対象となる子どもに合った指導をしたい思いと，周りの子ども達に示しをつけないといけないという異なる思いがあり，とっさに出てしまったのは，対象の子どもを置いてきぼりにする行動でした。それに気づくことになると，もし強い注意をしなければ，他にどういう対応ができそうか，あるいは強く叱った後でも，個別の場面をつくり対象の子どもをフォローできたのではないか，といったことを考えるかもしれません。また，周囲の目を恐れがちな自分の性格が自覚されるなら，弱点を変えていくために自己主張の研修を受けることが役立つと思うかもしれません。これらは，時間も必要ですが，自分の内と外のズレを埋める作業になっていきま

す。

　教師に必要とされることは，カウンセラーや心理療法のセラピストの姿勢として重視される「自己一致（self-congruence）」あるいは「本気さ・自然さ（authenticity）」[4]と共通しています。常に自己一致はできませんし，いつも自然にいるのも難しいかもしれません。しかし，かかわり合いの中で，自分が本当は何を感じ，どう思っているのかと自身に問いながら，つまり，「自己対峙（self-confrontation）」しながら相手と共にありつづけようとすることは，相手の成長促進を目的とする関係において根本になる姿勢ではないでしょうか。子どもや保護者からすると，この教師は真剣に自分とかかわろうとしていると感じることになり，信頼関係の醸成につながっていきます。

10. 最後に「学校臨床力」とは

　これまでの内容をまとめると，「学校臨床力」とは，教師（学校）が子ども（保護者）とのかかわり合いに開かれた「感性」をもち，相手への関心だけでなく「自己対峙」しながら，何が問題であるのかを見立て，子どもの成長につながる実践を模索し積み重ねていくことと言えます。

　今自分が出会っている子どもには，安心して過ごせる場はあるのか，父性や母性といった必要なかかわりをその子どもは経験する機会があるのか，そして自分はどのような役割を担っているのか。相手との関係を省察する大切さを知っている教師であれば，自分一人でこうしたことが見えにくい場合には，チームや仲間とふり返る機会を活用しようとするでしょう。また，学校組織や関係機関に求められることは，一人ひとりの教師が必要な時に，省察できる機会（ケース会議や事例検討の場）を提供することであり，それが教師の学校臨床力の向上につながると思います。

2章

プロセスレコードによる省察

1．省察的実践者とは

　教師は「省察的実践者（reflective practitioner）」である，と表現されることがあります。一体どんな教師が「省察的実践者」なのでしょうか。おそらくこの言葉は，教師という仕事の本質を指しているはずです。「省察」の意味が，前の章で見たように後でしっかり時間をとって経験したことを見つめ直すということなら，多忙化した毎日でそのような余裕がなかなかないのが，教師の現実でしょう。もちろん，毎日のふり返りを重視している教師もいるでしょうが，それだけを「省察的実践者」というのでしょうか。
　「教師という仕事とは何か」にかかわる大切な点でもありますので，まずこの「省察的実践者」について紐解いてから，具体的な省察法である「プロセスレコード」がどのようなものかを見ていこうと思います。

2．専門家と専門職（実践者）の違い

　ショーン（Schön, D. A.）[6]は，昔ながらの専門家の「アカデミックな知の提供」，つまり，知識のある人が何も知らない人へと「一方的に知識を提供する」スタイルは，現場の専門性としては現代の実態に合わないと考えました。たしかに「特別な知識を持っている人が偉くて，知らない人はそれに従えばよい」という考え方は時代遅れです。日本語では一字違いで見間違いそうですが，ショーンは**専門家**（expert）と**専門職**（professional）を区別し，さらに後者の特徴として「実践者（practitioner）」を強調します。
　何らかの専門性を必要としている人（クライエント）と，共にかかわり合いながら，そのクライエントのニーズに合った知を生み出すことが専門職・実践者の仕事である，とショーンは強調しました。クライエントとは，職域によって変わりますが，お客であり，依頼者であり，患者であったりします。教育場面なら，クライエントは子どもや保護者となります。子どもや保護者のニーズを把握し，共にかかわり合いながらそのニーズに応える教育をするのが，専門職としての教師ということになります。
　ショーンは，こうした専門職の特徴を明らかにするために「省察的実践者」という言葉を使いました。省察＝リフレクションとは，何かと何かを照らし合わせるという意味です。彼が言いたかったのは，専門職に携わる人とは，これまでの経験や知識などに照らし合わせながら，クライエントのニーズに応じた知を生み出しているが，それは意識的・言語的であるのと同時に，実際にはもっと「非意識的・非言語的」に，つまり直観的・感覚的に行っている，ということでした。これはなかなか革新的な見方で，「省察的実践者」がキーワードとして注目され，教師のアイデンティティとしてもとらえられるようになりました。

3．省察的実践者の感性：実践知を生む省察力

「省察的実践者」としての教師とは，子どもとのかかわり合いの「まっさい中」に，「知恵」「工夫」「アイデア」などの「実践知」を生み出す能力を持った職業ということになります。1章7節で「教師の感性」について触れましたが，ここでいう実践知はまさに感性によって生み出されるものです。

例えば，学習意欲のない子どもとやり取りをしている最中に，とっさに出た教師の言葉が，その子どもにフィットして事態を前進させるような場合が当てはまります。つまり，教師が感性によって実践知を生み出し，やる気が出ないで困っている子どものニーズに応えています。教師としては何となくそう言うのが良さそうな感触はありましたが，それ以上の説明が難しいような場合です。しかし，適当に言ったらたまたまうまくいった，という話ではなく，漠然とした確信や予想は教師なりに持った上での言動です。

こうした「省察」を説明するために，ショーンは「行為の中の省察（reflection-in-action）」という表現を使っています。つまり，その場にいる教師は，意識的にも非意識的にも頭や心をフル回転させて，これまでの経験や知識，そしてその子どもとの今までのかかわりの記憶と今とを照らし合わせながら（リフレクトしながら），何が今必要なのかを見いだそうとしているということです。

この本では，「後でふり返って考える一般的な意味の省察」と区別するために，こうした感性に基づいて理解し対応する働きを，「実践知を生む省察力（reflectivity）」[7]と呼ぶことにします。教師の専門性とは，現場でその子どもに応じたかかわりを見いだす営みであり，それは「実践知を生む省察力」を発揮することになります。

けれども，当たり前のことですが，専門性と言ってもいつもうまくいくかどうかはわかりません。子どもや家庭は各々異なっており，個別性や多様性があります。それゆえ，教師が柔軟に対応ができるように，少しでもその感性は磨いておきたいですし，これまでのやり方や考え方，つまり自分の枠組みを変えられる頭の柔らかさが必要になります。

「学び続ける教師」という言葉がありますが，それは「実践知を生む省察力」を常に向上させようとする教師のあり方を指していると言えます。

4．感性を磨く：ふり返りとしての省察

学校臨床力としてものを言うのは，目の前の子どもと対峙した時の「感性」であり，それが「実践知」につながります。では，そうした力をどうやって身につけていけばよいのでしょうか。

教師としての熱意は大切ですが，それだけでは空回りするかもしれません。専門職としての感性を高めるには，熱意と冷静さを自分の中でバランスよく持つことが必要です。つまり，それまでの感性で動いてきた自分と子どもとの関係を，もう一度落ち着いて，今度は意識的に言語的にふり返ることが必要です[8]。先の「実践知を生む省察力」と区別するために，こちらの方はくどい言い回しかもしれませんが「ふり返りとしての省察」と呼ぶことにします。

　何が2人の間で起こっていたのでしょうか。自分で自分のかかわりを省みることは案外難しいものです。印象に残っていることは，ピンポイントの強い感情かもしれません。子どもとのかかわりの中で「嬉しかった」「残念だ」「失敗した」など，教師は喜びも体験すれば，後悔の念にとらわれることもあります。こうした心に残った場面を中心に，少しずつその場面を思い出しながら，文字で再現してみるとどうでしょうか。

　良かったこと・悪かったことのどちらであっても，心に残った出来事を言葉にして，2人のかかわり合いの「流れ」「経過」「プロセス」をとらえ直すことが，2人の関係を読み解くことにつながります。時間と労力はもちろん必要ですが，経過を言葉にしていくと，次第に子どもの思いが見えてくることがありますし，自分自身がどう思っていたのかが改めて浮き彫りになることがあります。お互いが意地の張り合いになっていたり，反対に相手に合わせすぎになっていたりしたのかもしれません。このような気づきは小さなものかもしれませんが，発見であり，実はとても創造的な瞬間と言えます。

5．省察的実践者のまとめ：二つの省察

　「省察的実践者」には教師の仕事の本質が含まれているのではないか，とこの章のはじめに述べましたが，おわかりいただけたでしょうか。毎日の学校教育の中で，教師と子どもとのかかわり合いは無数に生じています。その一つひとつの場面で，教師はその人独自の「感性」に従いながら子どもにかかわる，つまり「実践知を生む省察力」を発揮しています。教師としての専門性はここにあります。しかし，それは効果的に子どもに役立つこともあれば，残念ながら不十分な場合もあります。

　それゆえ専門性を高めることが求められます。つまり，教師自身の「感性」を磨くことです。それまでによく見えていなかった教師と子どもの関係を，意識的・言語的に把握することで，何か小さなことでも気づくことができれば，それが感性を磨くことにつながります。こうした地道な作業が「ふり返りとしての省察」です。

　「省察的実践者」に含まれる二つの側面は，このようにセットにしてみることが大切だと思います。教師教育とは，「実践知を生む省察力」を向上させることに他なりませんが，それには「ふり返りとしての省察」が欠かせません。ショーンはそれほどはっきり述べて

いませんが、彼が強調したかったのはそういうことだと思います。

　教師には「理論と実践の往還」が大切である、という教員養成のフレーズがあります。ここで言う「実践」とは、まさに「実践知を生む省察力」に基づいて現場で教師が行っていることであり、今度はそれを「ふり返りとしての省察」で意識的・言語的に省みることになります。その時に既存の「理論」に実践をただ当てはめてみるのでは、あまり役に立たないのは明らかです。つまり、既存の理論が正しいと思ってしまうと、それに合っているかどうかにこだわることになり、創造的・生産的にはなれません。そうではなくて、一人ひとりの子どもに合った個別の「理論（考え・気づき）」を、教師が少しでも見いだし、それを次の実践に生かそうということが本来の意味です。もちろん、既存の理論が「ふり返りとしての省察」の道標として役立つこともありますが、はじめに「理論」ありきではなく、あくまで子どもとかかわる「実践」が大切であり、「実践と省察の往還」と言う方がよいのかもしれません。

6．プロセスレコード

　いよいよ具体的な省察法としての「プロセスレコード」の登場です。プロセスレコードとは、アメリカの看護教育、その中でも精神科看護の領域において考案され発展してきた看護師のための省察法です[9][10][11][12]。そのもとになった考えは、サリバン（Sullivan, H. S.）[13]という精神分析家が提唱した対人関係論にあります。つまり、この方法は心理療法やカウンセリングに由来した省察法なのです。

　プロセスレコードの特徴は、ある場面の患者の言葉や態度と、看護師自身の言葉や態度、そして表にはあらわれていない看護師の内面の思いを、プロセスレコードに書いて省察することにあります。つまり、この方法は、看護師が経験したかかわり合いの場面を、シナリオ形式に文章化し客観化することで、気づいていなかった看護師自身の思いや、看護師と患者がお互いにどう影響を与え合っていたのかを探索できるようにした訓練・学習方法なのです。

　教師教育では、山口・山口[14]が教師の自己省察に用いることを提案したのが最初です。山口[15]は、ショーンを引用しつつ、表面的な問題解決に流されるのではなく、教師自身が問題の本質を見いだす、つまり「問題の設定」ができる能力を培うために、プロセスレコードが有効であると述べています。

　次ページのプロセスレコードのフォーマットは、山口・山口[14]に筆者（角田）が修正を加えたものです。まず、省察する教師や実習生が、自分にとってプラスあるいはマイナスの印象があるエピソードを選ぶことから始めます。子どもへの対応に困ったというマイナスのエピソードを選ぶのはもっともなことですが、プラスのエピソードで何となく良かっ

プロセスレコードのフォーマット

(1)エピソードタイトル (　　　　　　　　　　　　　　　　　　　　　)
校種（　　）学年（　）性別（　　）
(2)この場面を選んだ理由：

(3)子どもの言動 （発言「　」の他，行動・態度や表情なども記述する）	(4)私が感じたこと・考えたこと	(5)私の言動 （発言〈　〉の他，行動で示したことも記述する）	(6)分析・考察

(7)私がこの場面から学んだこと：

たことをしっかり理解することも，学校臨床力を高めるためには有効なことです。
　まず(1)にエピソードのタイトルを付け，その場面を選んだ理由を(2)に書きます。そして，プロセスレコードとして，(3)〜(5)の3つの部分に分けて，なるべく具体的に書いていきます。(3)〜(5)はどこから書きはじめてもかまいませんが，3つの部分に共通した時間の流れに沿った番号を①，②というように付けながら書いていきます。
　(3)「子どもの言動」では，教師である「私」がその場で受け取った，子どもの発言，態度，行動あるいは表情などを書きます。子どもの発言は「　」で示します。対象となる子ども以外の登場人物がいる場合は『　』で発言を区別します。(4)「私が感じたこと・考えたこと」では，(3)を受けて「私」がその時に感じたことや思ったことを思い出して書きます。いわゆる主観を書くことになります。(5)「私の言動」では，実際に表にあらわれた「私」の発言や行動を書きます。「私」の発言は〈　〉で示します。やり取りが続けば(3)〜(5)は増えていきます。
　そして(6)「分析・考察」では，書いてみたプロセスレコードについて，今の時点でどう思うかを書きます。つまり，2人のやり取りや自分がその時に何を感じ思っていたのかについてふり返って，今の私がどう考えるのか，自己省察することになります。(7)は，プロセスレコードが複数の場面にわたる場合は，全体としての省察を書きます。もし，プロセスレコードをもとに指導者などと対話的な省察を行う場合は，そうした省察会を通して自分が考えたことを書くこともあります。
　それでは次の章で，もっと具体的にプロセスレコードを書く際のポイントを見ていきましょう。

3章

プロセスレコードを書いてみよう

では，具体的にプロセスレコードで何を書くのかをみていきましょう。2章にプロセスレコードのフォーマットがありますが，そこに書かれている(1)エピソードタイトル，(2)この場面を選んだ理由，(3)子どもの言動，(4)私が感じたこと・考えたこと，(5)私の言動，(6)分析・考察，(7)私がこの場面から学んだこと，の順番に，何をどのように書いていけばよいかを述べていきます。ここからは，プロセスレコードを活用した経験のある中学校教師[3]のコメントを紹介しながらプロセスレコードをどのように書けばよいか見ていくことにします。

(1)エピソードタイトル

　プロセスレコードを作成しようと思っているあなたが，気になって取り上げようと思った場面に「タイトル」を付けます。さて，タイトルは最初に考える方がよいのでしょうか？　また，タイトルの付け方はどうすればよいでしょうか。

　基本的には「その場面を表す言葉」であればなんでも良いと思うのですが，私はたいていその場面での一番のトピックスをタイトルにすることが多いです。例えば，普段泣くことがないような子どもが涙を見せたりした時は，「泣いた」ということがこの場面での大きな出来事になるので，そのまま「突然の涙」というように付けます。しかし，エピソードを書く前からタイトルを考えるのもなかなか難しいので，私はいつもエピソードを書いている最中もしくは書き終わった後に付けることが多いです。自分がそのタイトルを見てすぐに内容がよみがえってくるようなタイトルを付けられるといいですね。

(2)この場面を選んだ理由

　次にこの場面を選んだ「理由」を書きます。どうして，あなたはこの場面を省察しようと思ったのでしょうか。これは一番大事なところと言えそうです。実際に「理由」を書く時のポイントとしては，どのようなことがあるでしょうか。

　理由を書く際に大切なのは「正直に書くこと」です。プロセスレコードにおいては自分自身が「何を感じたか」「どんなことを思ったか」「感情はどのように変化していったのか」ということも重要な情報になりますので「なぜこの場面を選んだのだろう，何がきっかけだったのだろう」と自問自答してほしいです。何か心に引っかかるものがあったからこそその場面を思い出しているわけですから，その何かの正体を探っていくよう

なイメージで考えてみて下さい。

(3)子どもの言動

　ここからが具体的なプロセスレコードの項目になります。(3)では実際に子どもの言ったことや行動を思い出して書きます。やり取り（プロセス）を書いていきますので，要約せずになるべく個々に具体的に書いていきます。ここで留意することはどんなことでしょうか。

　私は印象に残った発言や出来事を軸にその前後を埋めていくイメージで書くことが多いです。書いていくうちに詳しいこともどんどん思い出してくるので，できるだけそのまま全て書くようにしています。逆に場面の流れの中で全く思い出せない部分もあります。そこは無理に書き足したりするのではなく，あえてそのまま書かずにいます。後々考察の際に，その空白が意味を持つこともあるからです。空白ができているということは，その部分に対して自分の心が向いていなかったともとらえられます。また，その子どもの言動は執筆者自身にしかわからないので，その時の表情や声の感じ，話し方，目線など覚えているものは全て書いていきます。場面を思い出すこと自体が省察になりますので，「子どもの言動」と同時並行で「考察」を書く場合もあります。頭の中を流れる思考をできるだけ取りこぼさずに書いていきたいですね。

(4)私が感じたこと・考えたこと

　ここはその時にあなたが「心の中で」感じたことや考えたことを書きます。いわゆる「主観」です。省察する際に，主観はとても大事な情報となります。では，どこまでどのように書けばよいでしょうか。

　(3)と同じようになりますが，とにかく全て正直に書いていきます。子どもの言動に対して何を思ったのか，自分はどんな気持ちになったのかを繰り返し自分に問うていきます。また，ここで思ったことは次の「(5)私の言動」につながってくる場合が多いと思います。ですからそれも正直に「～～と思ったから……な声かけをしてみよう」というように書いていきます。主観ですから，「なんだかむかつく」「びっくりした」なども正直に書いています。ここでも(3)と同様に空白であることも意味を持つので，無理に埋める必要はありません。

(5)私の言動

　実際にその場面であなたが言ったことや行動を書きます。ここも言葉をなるべく実際のままに書いていきます。留意点はどうでしょうか。

　(4)で書くのは自分の内側の部分ですが，ここでは自分の外側の部分を書いていきます。子どもの言動に対して，どのようなレスポンスを送ったのかをそのまま書きます。口調なども大切な情報になりますので詳細に書けるといいのですが，自分自身のことを客観的に見ながら書き起こすのもなかなか難しいと思います。自分自身を客観的に見ることができているかどうかも，その当時の心がどこに集中して意識がどちらへ向いているかの手がかりになるので自問自答しながら書いていけるといいかと思います。

(6)分析・考察

　(3)～(5)のやり取りをいくつか書いてみて，今の時点で思うことを書いてみましょう。小さなふり返り・省察をします。どんなタイミングで分析・考察を入れるとよいでしょうか。

　基本的には(3)～(5)のやり取りを書いた後，改めてそれを見返しながら考察していきます。内容に対する分析はもちろんのこと，書いている分量やどの欄に空白が多いのか等も重要です。プロセスレコード全体を見渡してみて気づいたことや考えたこと，そのレコードの印象を書いてもいいと思います。また前述したとおり，エピソードの内容を思い出しながら書いているうちに，考えたことや気づいたことも随時書いておいてもよいでしょう。

(7)私がこの場面から学んだこと

　このエピソード全体を通して，あなたはどのようなことを感じ，思い，考えたのかを書きます。つまり，プロセスレコードを書いてみて，あなたが「気づいたこと」にはどのようなことがあるかを考えてみましょう。どのように書いていくとよいでしょうか。

　「プロセスレコードを作る」という行為全体から学んだことを書いていきましょう。エピソードがレコードとして出来上がる過程でたくさんの気づきがあったはずです。自

分の気づきは全て学びになります。ですから，小さなことでも「見方が変わった」とか「新しい見方を得た」ことも大事な学びとしてここに書いておきたいですね。

最後に，プロセスレコードを使ってみてどのような感想を持ったのかも聞いてみることにしましょう。

　私は「プロセスレコードを作る」という過程が自分の中で非常に大きな意味を持ったと考えています。エピソードを埋めていくうちにどんどん記憶がよみがえってきたり，文章にまとめていくうちに「実はこの時はこういう気持ちだったのかも……」とハッとすることもありました。また自己省察としての役割はもちろんのこと，他者とその場面を共有する際にも有効であると思います。その場面を経験したのは自分だけなので，どうしてもどのような場面だったのか，その時にどのような気持ちになったのかということが，他者からはイメージがしにくかったり，他者が勝手に補正している部分が多くあると思います。しかしプロセスレコードはその場面での様々な情報を整理しながら書いていくことができるので追体験がしやすいのではないでしょうか。私は自分の経験した場面が物語として新たに作られるということは意味のあることだと考えています。物語性が高まることによってその登場人物の感情の移り変わりや言動の真意が汲みやすくなる，もしくは想像しやすくなると思うからです。実際のその場では，たとえ自分にとって良い指導または振る舞いができなかったとしても，プロセスレコードを作り続けることによって自身の省察力は高まり，これからの自分の指導や振る舞いにきっと生きてくるはずです。

4章

自己省察としての
プロセスレコード：実践例

この章では，プロセスレコードで自己省察を行った実践例を見ていきます。校種別に，小学校の実践を2例，中学校2例，高校2例を紹介します。

　いずれも教師の卵達（教職大学院生）が，実習などこれまでに学校現場で経験した児童・生徒とのかかわり合いをレポートとしてプロセスレコードにまとめたものです。各々のプロセスレコードの後に，筆者（角田）のコメントを付けていますので，参考にして下さい。

1．小学校における実践1（A君）

(1)レポート報告されたプロセスレコード

(1)エピソードタイトル（A君とのかかわりの変化）			
校種（小学校）　学年（2）　性別（男子）			
(2)この場面を選んだ理由： 　本プロセスレコードで取り上げるA君は，実習において担当した男児である。実習の事前打ち合わせの時に，担任の先生より「A君のことをよろしくお願いします」と伝えられていたこともあり，A君とのかかわりは他の児童のそれと比べ密なものであった。そこで今回，A君とのかかわりの中でも特に印象的な3つの場面を取り上げる中で，そのかかわりやかかわりの変化についてふり返りたいと考え，選んだ。			
(3)子どもの言動 （発言「　」の他，行動・態度や表情なども記述する）	(4)私が感じたこと・考えたこと	(5)私の言動 （発言〈　〉の他，行動で示したことも記述する）	(6)分析・考察
実習を開始してすぐT2（チームティーチングのサポート担当）として入った授業時 ①ノートを開いてはいるが，黒板の文字を写そうとはせず，筆箱の中の鉛筆を触って遊んでいる。	②彼が先生の言っていたA君か。信頼関係がないままにかかわりに行くのは今はやめておこう。	③A君が板書していないことに気づきながらも他の児童のところへ行く。	信頼関係がないままに注意をしたりすることは避けたいという実習前に考えていたことに忠実に行動していた気がする。
④筆箱から鉛筆を取り出して放り投げている。投げた鉛筆を取りに行こうとしない。	⑤鉛筆が落ちる音も気になるし，その行動を見ている他の児童の気が散ってしまうかもしれない。少しそばに寄ってみよう。	⑥そっとA君の机の左後ろの方に行きA君の様子を観察する。	今考えると，先生からA君のことを頼まれていたこともあって「何とかしなきゃ！」という思いが表れていたのかもしれない。
⑦「先生何してるん？」。	⑧A君に気づかれた。何も言わず後ろで見ているのだから気になるのは当然だろう。	⑨〈A君がちゃんとお勉強できてるか，先生見に来てん。先生見てるし一緒に書いていこうや〉。	
⑩「いやや」と大きな声で言いながら今度はノ	⑪大きい声を出したから皆が見ている。どうし	⑫気にしていないと平静を装いながら，無言で	A君が勉強に対して（ここでは文字を書くこ

(3)子どもの言動	(4)私が感じたこと・考えたこと	(5)私の言動	(6)分析・考察
ートも放り投げる。	よう。伝え方がまずかったかな。	A君の放り投げたノートを拾う。	と），どんなしんどさがあるのかを把握してないままに一方的に支援をしようとしたことに問題があったと感じる。
チームティーチングのT1（授業主担当）として行った初めての授業時（英語） ⑬机をぐらぐら動かして落ち着きがなさそうな様子。	⑭T1として前から見ると改めてA君は目立つなぁ。T1としてどう向き合ったらいいだろうか。	⑮A君のことが気になりつつも全体に対して授業をすることに必死の状態。	⑧のところと似たような感じだが，この授業時も数人の先生が見に来られていて，先生が見ている前でA君に対してしっかり指導しなければというプレッシャーがあったような気がする。
⑯じっとはしていないものの，皆と同じように立って，くるくる回りながら歌を歌っている。	⑰良かった。A君が珍しく楽しそうにしてくれている。このまま続いてほしいから、ここで少しA君のことを見ていることを伝えよう。	⑱〈A君いいねー！　その調子！〉と全体に聞こえるように声をかける。	
⑲歌を歌い終わった後，席を立って前に出てくる。何を伝えるわけでもなく，私の足元にしゃがんでついてくる。	⑳A君が来た。こんなの初めて。かまってほしいのかも。機嫌よく勉強してくれているから厳しく言って機嫌を損ねることはしたくないな。	㉑〈A君さ，先生が今から渡すやつ順番に貼っていってくれへん？〉と言って，授業の手伝いをするようお願いをした。	今回は授業の終盤だったから良かったがこれが慢性化すると、序盤から前に出てくるようになる可能性もあるし，お手伝いをするなら前に来てもいいというふうにその行動を認めることになってしまうと考え直した。
㉒楽しそうに，言われたことをやっている。	㉓A君の機嫌が良いからとりあえず良かった。クラスの皆も笑って見てくれている。	㉔〈ありがとうA君。助かるわぁ～〉と伝える。	

(3)子どもの言動	(4)私が感じたこと・考えたこと	(5)私の言動	(6)分析・考察
前場面の翌日，T2として入った授業時 ㉕日付と本時のめあてだけを書いて止まっている。	㉖頭ごなしに言うことはきっとA君には向いていない。少し話題をそらそう。	㉗〈昨日，先生がした英語の授業，頑張ってくれたなぁ〉。	授業内容とは直接関係ない話をして良かったものなのか疑問が残る。
㉘「うん…」。	㉙何か会話を続けて勉強に向かう姿勢にしなければ。	㉚〈とりあえずここまで書けたらハイタッチしよ！〉。	思いつきで出た提案だった。A君とだけの約束事のようなものを作ろうとしたのだと思う。
㉛無言で少し文字を書きはじめる。	㉜A君が私の一言で文字を書き始めた。嬉しい。でもずっと横で見ていると気になるかな。	㉝〈先生ちょっと他の子の様子見てくるから帰ってくるまでにここまで書いといてな。そしたらハイタッチ！〉と言ってA君のもとを離れる。	少し距離をとろうと思ったのは，A君に対して「見張っている」という感じを与えずに余裕を持って接したいと思ったからだと思う。
A君の席に再度近づく ㉞「書けた！」。	㉟A君がこんなスピードで文字を書いてくれるなんて嬉しい。	㊱〈よし，じゃあハイタッチやな！〉と言って手のひらを合わせてハイタッチをする。	ここまでとりあえず書こう，とスモールステップにしたことと，ハイタッチという2人だけの合図のようなものを作ったことが効果的だったのかもしれないと今になって思う。

(7)私がこの場面から学んだこと：

　実習中出会ったA君とのかかわりを，印象的だった3つの場面を取り上げながらふり返った。出会ってすぐの頃，頭ごなしに指導をしてしまった反省をもとに，私がT1として行った授業時には，A君の思いを生かしながら授業に参加させようと試みた。そこでA君とのかかわりにヒントを得た私はT2として再度授業に入った時，A君と2人だけの約束事を作るなどしてかかわっていくようになった。

　実習後も定期的にA君と会う機会がある。その時も「2人で決めた目標を達成するとハイタッチをする」という習慣は継続して行われてきた。最近では，勉強面だけでなく，掃除や給食，遊びの中でも応用して使っている。

　これらの場面から私が学んだことは，「個」に応じた支援をすることの大切さと難しさである。今回，A君と私は「ここまでできたら」というように課題をスモールステップにすることと，「ご褒美にハイタッチをする」という約束事を作ることによって関係を調整してきた。「ハイタッチ」という行動から得る

気持ちはお互いにとって心地のいいものであり，それは，共感的に自己対象としてかかわることができていたからだと思う。これらはA君を1人の「個」として見ることで可能となった支援だと思う。目標を低く設定することで達成感を味わう回数を増やすことができれば，肯定感にもつながり勉強に向かう姿勢を良いものにすることができると思う。

一方で，今回はＴ２としてＡ君と密に関わることができたから可能となった支援であって，クラスの全員に授業をしなければならないＴ１となると同じようなことができるのだろうかと不安を抱いた。そこで重要になると考えたことは，教員対児童だけでなく，児童同士がかかわり合い，同じような行動ができるようになる必要があるということだ。

A君とハイタッチをする時，いつも私は言葉にするのは難しいがA君と「通じ合っているな」というような気持ちになる。そんな気持ちを子ども同士で共有するようになることもまた大切だと思う。そのためには，A君とかかわる教員の姿勢を児童に見せつつ，児童全員が日常からお互いのことをよく理解し合い，お互いに高め合うために行動できるクラスの雰囲気づくりというものも大切になると思う。

教員として個を見て行う指導を大切にしつつ，子ども同士のかかわり合いの重要性もまた感じることができた。

(2)小学校における実践１についてのコメント

　大学院実習生として，報告者はチームティーチングのＴ１（授業主担当）とＴ２（サポート担当）という二つの異なる教師役割で小2のA君と出会い，3つの場面をふり返っています。

　まず初めて彼と出会ったＴ２としての場面では，担任から事前の依頼もあり，報告者は個別の支援を試みます。しかし，A君はそれを拒絶します。報告者が(6)「分析・考察」でふり返っているように，まだお互いに相手のことを知らない時期であるため，この意図的なかかわりは教師からの一方的なものになってしまいました。

　次のＴ１としての授業場面では，クラス全体の中で落ち着きがないA君の姿を，報告者はキャッチしています。教壇に立ったからこそ見えたA君の姿であり，意味のある子ども理解と言えます。同時に報告者は，実習で初めての授業を行い，他の教員の目をかなり意識しています。(6)「分析・考察」にもあるように，報告者には，A君をしっかり見ていることを他の教員にアピールしたい思いがあります。しかし，それがうまく「後押し」にもなって，報告者は⑱でA君のプラス面を積極的に褒めています。このＴ１としての応答は，A君の心に響いたようです。

　A君にとって報告者は身近な存在になり，歌の後でA君は報告者の足元にすり寄ってきました。「共感的に自己対象として」と(7)「私がこの場面から学んだこと」で省察していますが，その子の独自性を認める働きや，その子と他児の関係をつなげるような働き，つまり，子どもの自己を生き生きと活性化させる役割を担った存在を，コフートの自己心理学では「自己対象（selfobject）」[16]と呼んでいます。この場面で報告者は，A君の自己対象として機能できたようです。それゆえ，A君は報告者への愛着行動を示し，接近すると

いうストレートな形で，その喜びを表したと考えられます。

㉑で報告者は，その行動を勝手な離席として叱るのではなく，とっさに彼に役割を与えています。A君もそれに応え，周囲の子ども達もその様子を肯定的に受け止めています。生の表現を社会化されたものに変換でき，彼の自己肯定感をさらに高められたことは，2人の関係調節（1章8節）として良い循環を生むことになりました。おそらく，報告者に特別支援教育についての知識や関心が蓄えられていて，「実践知を生む省察力」としてこうしたアイデアにつながったと推測されます。

最後の場面は，再びT2としてのかかわりです。授業に取り組めないA君に，報告者はできないことを叱るのではなく，「できること・できたこと」に焦点を合わせてかかわっていきます。前回の授業の経験を想起させながら，㉚で2人が楽しくなれる「ハイタッチ」を思いつきます。最初の場面とは異なり，報告者とA君はお互いをわかりはじめています。その場の「感覚的・直観的な」アセスメントとして，A君が認められていると感じること，身体接触も含むかかわり合いが彼に適していること，そして授業に取り組む動機になること，そうした判断が報告者の中で実践知として結実し，〈ハイタッチしよ！〉が生まれたのだと思います。

(7)「私がこの場面から学んだこと」に書かれているように，報告者とA君のつながりを，今度は子ども同士の関係に生かしていくことは，学級経営としても特別支援教育としても大切なポイントです。T1とT2という異なる立場でA君とのかかわり合いを体験したことが，「個と集団にどうかかわるか」という教師の本質を考える省察につながったと言えそうです。

2. 小学校における実践2（B君）

(1)レポート報告されたプロセスレコード

(1)エピソードタイトル（短気のB君） 校種（小学校） 学年（2） 性別（男子）			
(2)この場面を選んだ理由： 　実習でかかわりを持った男子児童B君とのエピソードである。性格上短気なこともあり，日々クラスメイトとけんかが起こっていた。周りからの声も気になるようで授業中でも反応してしまい，口げんかとなっていた。落ち着いている時には話し合うこともできるが，怒っている時は周りの声が入らない状態になってしまう。トラブルのたびに仲裁に入って落ち着いてから話をしていたが，その時の対応がどうであったかふり返りたい。仲裁に入った際は毎度相手側だけが悪いと自分側の非を一切認めなかった。今後の実習でもかかわると思うため，よりよい対応の仕方を考えたい。			
(3)子どもの言動 （発言「　」の他，行動・態度や表情なども記述する）	(4)私が感じたこと・考えたこと	(5)私の言動 （発言〈　〉の他，行動で示したことも記述する）	(6)分析・考察
①昼休み中激怒した形相で「先生P君がいらんことしてきた」。	②いつもみたいにまたけんかしてるんだな。少しずつでも言葉で解決できないのかな。	③〈またかぁ，なにがあったん？〉。	毎日のようにけんかが起き，B君もそこによくかかわっている。B君が怒ってこちらに来たが，B君から手を出すことはこれまでなかったので，今回も先に手を出してはいないように思う。しかし怒りが収まっていないため納得いかない何かがあるのだろう。
④「遊んでたらP君が追いかけて叩いてきたねん」。	⑤いつも見る光景が今日も起こってしまったのか。	⑥〈なんで急にそんなことされたん〉。	
⑦「わからへん。おれなんもしてへんのにアイツがやってきたねん。ほんまうざいわ」。	⑧それで興奮してまたやり返してしまったんだろうな。	⑨〈なんでそんなことしてきたんやろなぁ。ちょっとP君帰ってきたら聞いてみるわ。やられてB君は何かしたん？〉。	
⑩「先生ほんまにP君に怒っといてよ。やられたけど俺はなんもしてへんで」。	⑪本人はやり返してないといってるけど，実際P君にも聞いてみないとわからないから，確認していかなあかんな。	⑫〈B君我慢できたんか。えらいやん，またP君にも確認して言っとくわ〉。	

4章 自己省察としての プロセスレコード：実践例

(3)子どもの言動	(4)私が感じたこと・考えたこと	(5)私の言動	(6)分析・考察
		P君にも事実確認をした後で。⑬〈P君は自分からやったけどB君もやり返してきたって言うてたで〉。	
⑭「でも先にやってきたんはP君やもん，あいつが悪いんやし」。	⑮自分がやり返してしまったことはわかっていても，みとめたくないんだろうな。	⑯〈でもそこでやり返してしまったら，B君も悪くなってしまうやん〉。	状況はしっかりと理解しているが，先にやった方が悪いという考えを持っている。先にやった方も悪いが，やり返してしまうと互いに悪くなってしまう。
⑰「でも先にやってきたんはP君やん」。	⑱何が何でも自分の非は認めないのかな。		
⑲少しずつB君の感情も落ち着きつつ「先生，でもP君にちゃんと怒ってよ」。	⑳落ち着いてきて少しずつ冷静になってきてるな。	㉑〈P君にはちゃんと言っておくけど，B君もすぐやり返したりしたらあかんで。B君いつもがんばってるんやし，そこであと少し我慢できたらもっとよくなるのに〉。	いらいらした時の感情のコントロールが大切になってくる。
㉒「わかった。ちゃんと我慢するようにする」。	㉓B君も落ち着きを取り戻して会話もいつも通りに戻ってきた。	㉔〈先生はいつもB君のことちゃんと見てるからわかるけど，絶対にやり返したらあかんでな。なんかやられてイライラしてもそこで一回我慢するんやで。我慢して先生のとこに来たら，先生からその子に怒っておくから。絶対にB君からやり返さんようにな〉。	今後のことも約束ができ，常に落ち着けるようになればと思うが，起こった時には少しでもコントロールできるようになる必要がある。
㉕「なんかあったらすぐ先生に言うようにするわ。先生ありがとう」。		㉖〈気をつけて，仲よく遊びよー〉。	

(7)私がこの場面から学んだこと：
　今回のB君とのかかわりの中で，B君の感情は大きく変化していた。こちらに来た時はイライラしていたが，会話をする中で落ち着きを取り戻し，話を進めることができた。B君は何かされるといつもすぐに興奮状態になってしまい，私の対応としてまず興奮状態を収めようとしてしまっていた。実際にそのことがよかったのかはわからないが，B君の興奮を抑えられたという点ではよかったのかもしれない。興奮した状況のまま何かトラブルがあれば，また新たにけんかが起きていただろう。
　周りへの拡散を防ぐための行動をとっていたが，それがB君にとってよかったのだろうか。もっと時間をかけてB君の思いやどのようなことが起こっていたかなど詳しく聞いておく必要もあったのではないかとも思う。実習生という立場もあり，事なく終えようとばかりしてしまった一面もある。もっと児童一人ひとりのことを理解した上でのかかわり合いも必要になってくると感じた。

(2)小学校における実践2についてのコメント

　小2のB君は，イライラした思いを報告者である実習生に訴えに来ています。B君は報告者のことを「話を聴いてくれる教師」と認識しているようで，それまでの2人のかかわり合いで比較的よい関係調節が行われていたと推測されます。

　B君はかなり興奮していますが，②の報告者の受けとめを見ると，これまでにも似たことが繰り返されてきたようで，報告者にはある程度の「見通し」があります。

　面白いのは，このプロセスレコードを通して，B君の発言内容がほとんど変わっていないことです。相手のP君を責めて叱ってほしいとB君は繰り返し述べます。報告者が気にしているように，B君は自分の非を認めようとしません。しかし，B君の感情面は，最初の沸騰した状態から落ち着いた状態へと，かなり大きく変化していきます。これはどうしてでしょうか。

　ここで注目されるのは「報告者の感情」です。繰り返しの状況に対して「またか」と苛立ったり，B君が非を認めないことに腹を立てていれば，関係調節はうまく機能しなかったでしょう。報告者は，子ども達の間で何が起こったのか，B君の思いに関心を向けながら聴いていきます。そして，実際にP君にも状況を確認しています。言葉の内容だけなら，⑬～⑰あたりのやり取りでは「でも」の応酬に見え，売り言葉に買い言葉になりそうですが，報告者は，P君から聞き取った事実はB君に伝え，B君のことを心配はしますが，責めてはいません。非言語的な感情のトーンとして，心配している思いがB君に伝わったようです。

　そして，B君の良さを認めつつ，我慢できるようになることに期待を込めた発言が㉑と㉔でなされます。㉕でB君が応えているように，次に腹が立った時には，相手を叩くのではなく，教師にまず言いに行く気にB君はなれたようです。

　1章8節で見たように，このB君の変化は，(a)感情をコントロールするというB君の「自己調節」の流れでとらえることもできます。と同時に，(b)そこまで自分のことを思っ

てくれるなら，その信頼に応えようという「関係調節」の流れとしてとらえることもできます。(a)と(b)が一致しているならよいのですが，(7)「私がこの場面から学んだこと」で省察されているように，「事なかれ」を報告者が気にして子どもに我慢させるのであれば，(a)と(b)は一致しておらず，B君の成長に資する働きかけにはならないでしょう。

　報告者が何を目的にB君とかかわり合うのかがポイントです。1章9節で触れたように，自分は教師として「自己一致」して子どもに接しているのか，あるいは矛盾を抱えつつもそれにどれくらい気づけているのか，それらを自らに問うことが学校臨床力を高めることにつながっていくのではないでしょうか。

3．中学校における実践1（C子さん）

(1)レポート報告されたプロセスレコード

(1)エピソードタイトル（体育でサッカーをしないで，立って見ていたC子について） 校種（中学校）　学年（3）　性別（女子）			
(2)この場面を選んだ理由： 　学部生時代の実習での出来事である。それまで学校現場に入ったことがなかった私は，なかなか生徒と話すこともできないでいた。自信のなかった私が生徒と話したことで印象に残り，自信となったため取り上げた。			
(3)子どもの言動 （発言「　」の他，行動・態度や表情なども記述する）	(4)私が感じたこと・考えたこと	(5)私の言動 （発言〈　〉の他，行動で示したことも記述する）	(6)分析・考察
①体育の時間，サッカーのコートの隅っこで，他の生徒がサッカーをしているのを立って見ている。	②初めて話しかける生徒であるため，少し不安があった。クラスでは生徒同士仲が悪いように思っていなかったので，体育が苦手なのかと考えた。	③〈C子さん，サッカー苦手なん？〉と隣に行って，笑顔でC子に話しかける。	C子とたくさん話すのはこれが初めてである。私は少し緊張しながら，話しかける。
④少し驚いた様子をみせ，こちらを見る。そして，視線を戻して「うん，運動が苦手」と応える。	⑤反応を返してくれたため，少し安堵する。サッカーをさせようとするのではなく，話そうと思う。	⑥〈そっか，運動が苦手なんやね。走るのとかも苦手なん？〉。	運動が苦手とC子は応えているので，無理矢理サッカーに参加させようとすれば，心は開いてくれなかったと考えられる。
⑦「うん，走るのも遅いねん」と，質問に答える。	⑧あまりこちらを見ないので素っ気ない感じもしたが，答えてくれるので，人懐っこい気もした。	⑨〈そっかー。サッカーはボールも使うから，難しいもんね〉。	
⑩「うん，そうやねん」。	⑪私も球技が苦手なことで共感を示そうと思った。	⑫〈私も中学の時，球技が苦手やってん。ボール扱うのが難しいもんね〉。	私が共感したこと，体育に出席することがえらいと言ったことで，C子の雰囲気は柔らかくなり，話しやすくなったと考えられる。
⑬こちらを見ながら，話	⑭C子が苦手なりにも，	⑮〈C子さんは，ちゃん	

(3)子どもの言動	(4)私が感じたこと・考えたこと	(5)私の言動	(6)分析・考察
を聞いている。	ジャージに着替え，体育に出席しているので，自分のそのままの思いを伝えた。	と体育に出席してえらいね。私は，C子さんがここにいることに意味があると思うよ〉。	
⑯一度こちらにボールが来て，C子は反応したが触ろうとしない。	⑰C子は聞かれたことには応えてくれると思ったので，何気なくサッカーをしない理由について聞いてみようと思った。	⑱〈でも，せっかくいるのに，参加しいひんの？〉。	
⑲C子はこちらを見て，「みんなに迷惑かけるだけやから…」と答えた。	⑳この時初めて，体育や運動が苦手だからという理由だけでなく，他のチームのメンバーに迷惑をかけたくないからだということに気がつく。	㉑〈あー，そうなんや。C子さんは迷惑かけたくないんやな〉とうなずく。	C子の本音が聞けた場面だと考えられる。教師が自分の主観的な意見を述べることは悪くはない。しかし，C子が過去にあったトラウマとなる出来事を言っているのか，今のクラスであった出来事を言っているのかわからない。また，もしかするとこのクラスの誰かに「迷惑」と言われたのかもしれない。教師側に配慮に欠けている部分があったのではないかと考えられる。
㉒C子もうなずく。	㉓C子の気持ちがよくわかる思いだった。しかし，実習生としてクラスに入っていた限り，クラスの雰囲気はよかった。だからここでも，自分の意見を述べた。	㉔〈その気持ち，すんごいわかるなー。私も自信なかったし。でも，このクラスを見ていると，C子さんが失敗して怒る人は，いいひんと思うで。みんなきっと，ドンマイって言ってくれる子ばっかりやと思うて。大丈夫やで〉と，微笑む。	
㉕もう一度ボールが来た。C子が少しボールに触る。線から出てしまい，アウトになる。	㉖少しボールに触っただけだったしアウトだったが，素直に嬉しかった。周りの子は「大丈夫」と励ましていた。	㉗私はボールが来たので，そこから離れた。その後，〈大丈夫，良く頑張ってたよ〉とC子を励ました。	C子が私と話していて，ボールに触ろうと思ったのか，気まぐれだったのかはわからない。

(7)私がこの場面から学んだこと：
　この場面の後，私とC子は話す機会がなかった。この場面がC子にとって，良かったのか良くなかっ

たのかはわからず,不安に思っていた。実習を終える日,担任の先生のはからいで,生徒のメッセージカードを下さった。その中のC子のメッセージには,「体育の時,話しかけてくれて,嬉しかったです。」と書かれてあった。これを読んだ時初めて,あの会話をしたことに意味があったのだと実感できた。

このように,生徒とのかかわり合いの場面において,「あの会話をしたことに意味があったのだ」という実感は,なかなか得られないものである。それでも,生徒とのかかわりが少なく,話しかけることに勇気が必要であった私にとって,非常に自信を持てる経験になったと思う。

私がこの場面から学んだことは3つある。ひとつめは,生徒とかかわり合うためには,自分から積極的に話しかける必要があるということである。私が実地研修に行った学校は,生徒から話しかけてくれることが多く,非常に人懐っこい生徒が多かった。話しかけてくれる生徒は問題ないが,話しかけない生徒とはかかわり合いがなくなる。その場合には教師の立場から話しかけないといけない。C子の場合も,自分から話しかけることがなければ,かかわり合いが得られなかったであろう。そのため,教師の立場から積極的に生徒へ話しかける姿勢が大切だということを学んだ。

二つめは,生徒の気持ちを尊重し共感することの大切さである。サッカーに無理矢理参加させなかったこと,自分もC子の気持ちがわかると伝えたこと,授業に出席していることを褒めたことによって,C子は少しずつ心を開いてくれたのだと考えられる。表面的にあらわれる言動に目を向け注意するのではなく,その生徒の置かれている立場になり考えていくことが生徒理解において必要なことだと学んだ。

三つめは,生徒が抱えている問題や背景を考えることである。C子の場合,運動や体育が苦手というだけではなく,みんなに迷惑をかけたくないという思いも抱えていた。C子の気持ちを引き出すことにより,C子がサッカーに参加しない理由を知ることができた。しかし,なぜC子が「みんなに迷惑をかけたくない」と言うのか,その思いまでは聞くことができていない。C子が抱える問題や背景をより深く聞くことができていれば,C子に対する生徒理解がより明確なものになったであろう。

C子とのかかわり合いの中で,学ぶことが多くあった。生徒とのかかわり合いがあってこそ,教師として成長していくのだと思った。C子とのかかわり合いを糧に,これからも多くの生徒とかかわっていきたい。

(2)中学校における実践1についてのコメント

この実践例は,体育の授業中に1人球技コートの片隅でぽつんと立っているC子さんとのかかわり合いで,初対面ゆえに手探りで関係をつくっていく様子が描かれています。(4)「私が感じたこと・考えたこと」で示されているように,報告者の内面が生き生きと記述され,刻一刻と変化していくのが手に取るようにわかる報告です。

体育が苦手で,球技で他人に迷惑をかけることを気にする,内気なC子さんのありように,報告者は自分との共通点を見いだしていき,それを関係づくりに積極的に生かそうと,自己開示をしながらC子さんへの共感を示していきます。このプロセスレコードを,「教師モード」と「カウンセラーモード」[17]という教育相談のポイントから見ていくことにします。

簡単に述べますと,「教師モード」とは積極性・能動性が主であり,普段の教師の態度です。子ども達をリードし,集団をまとめ,授業を進めていくあり方で,後押しをしたり,

持っている可能性を引き出すといった，教師に必須の姿勢です。それに対して，「カウンセラーモード」とは消極性・受動性が主であり，いわゆるカウンセラーが相談を受ける時の待ちの姿勢です。「モード」という言葉を使っているのは，教師に2つの姿勢を時と場合で切り替えてほしいからです。教師に「カウンセラーモード」が必要なのかと疑問に思われるかもしれませんが，教育相談といった個別のかかわりではこうした受容的な態度は不可欠です。2つの態度を柔軟に使えることは，教師の学校臨床力を高めることになります。

この報告者は，(7)「私がこの場面から学んだこと」の省察のひとつめにあるように，教師として生徒に積極的にかかわることの大切さをあげています。おそらくこの報告者は，もともとの性格はそれほど積極的なタイプではないようです。それゆえ，教師として積極的・能動的に子ども達にかかわることの大切さを意識しており，この場面ではそれがうまく生きたと言えます。

C子さんの様子を見ながら，少しずつ言葉をかけていく姿勢は，相手との波長を合わせながら関係をつくっていく関係調節の様子がよく表れています。⑤で競技から外れているC子さんを戻すかどうかを，報告者が考えるところがありますが，ここは教師モードとカウンセラーモードの葛藤と言えるかもしれません。新米・若手教師にとって，授業に子どもを参加させることを第一に考えるのは当然ですが，子どもの状態を抜きにして形だけの参加をさせているなら，それは本末転倒になるでしょう。

C子さんは他生徒に迷惑をかけたくない思いを語ります。それを聞いた報告者は，㉓㉔でこれまでに自分が見てきたクラスの様子を踏まえて，C子さんの積極的な参加を促します。ここでは報告者の中で「教師モード」が優位になってきたと言えそうです。相手を押す・動かすスタンスです。それに対して，㉑の後の(6)「分析・考察」を見ると，この促しのリスクをかなり様々な角度からふり返っています。「カウンセラーモード」に立った際の可能性の検討がなされたと言えそうです。つまり，報告者は押しすぎのリスクに気づき，もう少し待つスタンスが必要だったかも，とふり返っています。

「かかわる」ということには，必ず何らかのリスクを伴います。子どもの成長に役立つかかわりをしたいものですが，マイナスになることもありえます。マイナスはいつもダメであるとは言えず，マイナスを次にどう修復するかがむしろ大切です。それゆえ，どのようなプラス・マイナスの可能性がありそうかを，できるだけいろいろな角度から「見立てる」ことが，児童生徒理解を進める際にとても大切になります。

4．中学校における実践2（D君）

(1)レポート報告されたプロセスレコード

(1)エピソードタイトル（男子生徒の態度が急変した瞬間）			
校種（中学校）　学年（2）　性別（男子）			
(2)この場面を選んだ理由： 　実習での出来事である。担当クラスの生徒Dは，クラスの中心的存在で，良くも悪くもDの行動がクラスの雰囲気を作っている状況であった。今回の場面は，Dと私が接していく中で，関係性に大きく影響したひとつの場面である。これがきっかけで，Dのみならずクラスとのかかわりが変わってしまう出来事であったため今回取り上げた。			
(3)子どもの言動 （発言「　」の他，行動・態度や表情なども記述する）	(4)私が感じたこと・考えたこと	(5)私の言動 （発言〈　〉の他，行動で示したことも記述する）	(6)分析・考察
①掃除の時間，トイレ掃除班がなかなか教室に帰ってこない。	②他の班の掃除はすでに終わっていたので，何かが起こっている可能性があると考えた。	③他の班の掃除はすでに終わっており，トイレ班の掃除も終わっていないとおかしい時間だったので様子を見に行く。	異変に気づく事ができ，行動に移せた点は良かったのではないか。
④様子を見に行ってみると，Dの周りに人だかりができており，掃除とは関係のない行動をとっているのが確認できた。	⑤かかわっていたのはその場にいた全員だったが，明らかにDが中心にいたので，Dの行動を注意して見る事にした。	⑥Dが掃除をせずに遊んでいるという事実がわかったが，あえて怒らずに〈何してるの？〉と声をかける。	
⑦Dは「遊んでないで！掃除してるねん」と笑顔で返答したものの，Dは引き続きバケツに水を溜めては散水する行為を繰り返しており，周りの生徒がその行為を煽っている。	⑧笑顔で対応してきたものの，私にはあまり干渉してほしくない様子がうかがえた。	⑨できるだけ怒らないように心がけつつ，今度は〈それって掃除じゃないやんな？〉と声をかける。	実習生慣れしている様子で，多少の事は見逃してくれるものと思っているように感じられた。
⑩少し驚いた様子を見せた後，Dの態度が少しきつくなり「先生には	⑪実習生が注意してくると思っていなかったのか，少し驚いた様子が		怒らないように心がけたつもりであったが，態度に出ていたのか注意す

(3)子どもの言動	(4)私が感じたこと 考えたこと	(5)私の言動	(6)分析・考察
関係ない事やから他の所に行って」と言い返してくる。	うかがえた。		る雰囲気を感じ取られたようであった。
⑫雰囲気が少し重くなってきてDは「俺らの居場所,邪魔せんといてくれる? ここは掃除班のテリトリーやねん」と言ってきた。	⑬注意されている状況に気づきはじめた周りの生徒が離れていく様子を見て,Dは居心地が悪くなり,⑫のような発言をしたように感じられた。	⑭Dの態度が悪くなってきたので〈今,掃除してなかったやろ? ちゃんとせなあかんやろ〉と少しきつめに注意した。	Dの態度が悪くなったのをみて感情が高ぶってしまったが,もう少し冷静にしないといけない場面であった。
⑮私がDに注意したのを見て,周りで煽っていた生徒は皆,教室へ帰っていく。Dはそれを見て何も言わず無言でその場に立ったままになった。	⑯Dは周りの仲間がいなくなってしまい,どうしていいかわからなくなっているように感じられた。	⑰〈Dだけが悪いんじゃないけど,こんな事して遊んでたらあかんやろ? ちゃんと道具とか直して終礼の準備せなあかんやん〉と声をかけた。	Dが中心となって遊んでいたのは悪い事だが,Dだけを悪者にしないような声がけが必要と考えられる。
⑱突然,「先生 きらいや」と言って,さっきまで遊びで使っていた水の入ったバケツを蹴り,走り去る。	⑲自分の居場所を私に奪われて興奮している様子がうかがえた。	⑳〈おい! なんでこんなことするねん! あかんやろ。戻って直せ〉とかなり強めに注意をした。	Dが孤独を感じていた可能性があり,もう少し気を使った声がけをした方が良かったのではないかと考えられる。
㉑無言でバケツを直して教室に戻る。 ㉓無言を貫く。		㉒〈もうこんなことするなよ〉と一言かける。	感情で対応してしまい,今後の関係性を見据えた対応ができていなかった。

(7)私がこの場面から学んだこと:
　この場面以降,Dに話しかけても薄い反応や,全く反応が返ってこない事が増えてしまった。この状況を指導教諭に相談したところ,Dはタフ人のメンバーにちょっかいをかける事が多く,周囲の生徒から一歩引いて見られる存在であることがわかった。また,過去にはクラスで居場所がなくなってしまい,学校に来にくくなった状況があったという。その影響なのか,今回のように居場所を奪われることに対して,嫌がる様子を見せたのだと考えられた。
　今回の場面から私が学んだ事は,いけない事に対して叱る事は教員として当然求められる事であるが,生徒の事情をよく知らないで行う指導は意味がなく,むしろ逆効果になりうる可能性も感じられた事である。また,感情的な指導は,教師と生徒の信頼関係を収拾のつかないほど壊してしまう可能性があるという事も同時に感じた。
　今後生徒とかかわっていく際にも,同じような状況に出会う事は大いに考えられる。そのような状況

下におかれた時，私は，指導という行為の難しさを十分に把握し，冷静に判断していきたいと考えている。

(2)中学校における実践２についてのコメント

　この実践例では，生徒との関係がうまくつくれなかった場面が取り上げられています。この経験を今後にどう生かせるかがこの省察の目的です。

　「ダメなことはダメ」と子どもに示すのは，生徒指導の基本です。言い換えれば，それは，自他のためにルールを守るといった社会性が身につくように，子ども達を指導することです。しかし，筆者が学部の教職の授業で「あなたは人を叱れますか」と学生に尋ねると，難しいという答えがけっこうたくさん返ってきます。学校では，このプロセスレコードのような場面は数多く生じており，教師には諭すことや叱ることが求められます。今回の報告者は大学院生で，問題の場面に自ら入っていき，しっかり生徒に対峙しようとしています。

　しかし，(7)「私がこの場面から学んだこと」の省察に述べられているように，報告者は次第に感情的になり，「叱る」と「怒る」が混じってしまったようです。「怒る」のは教師自身に収まらない感情があるからで，「叱る」のは子どもの成長を考えた対応です。報告者は，省察の中で「冷静に」という言葉を使っており，感情に動かされたまま「怒る」のではなくて，冷静な「叱り方」をこれから身につけようと模索しているようです。

　プロセスレコードに戻りますと，⑩からD君の態度が悪くなるとあり，それに影響されて報告者も腹を立てています。感情が動くのは自然なことですが，そのまま怒りと怒りがぶつかれば，「支配-服従」といった力関係になりやすいと言えます。この時点で，報告者とD君との関係調節はうまく機能していません。⑯⑰と報告者はそれに気づき，D君だけが悪いわけではないと軌道修正しようとします。報告者からD君を責める程度は弱まりましたが，D君の気持ちに触れるまでには至りませんでした。D君はそれを聞いて，けんか腰から「先生，きらいや」と拗ねた感じになり，水の入ったバケツを蹴っ飛ばして，その場から離れようとします。報告者は，これに対して再び怒りで反応し，行動の修正を求めます。バケツはD君によってすぐ元に戻りましたが，D君の気持ちは水のように流れ出たままとなりました。かかわり合いはそこで終わりになりました。

　報告者の省察にあるように，まだ関係が希薄な時に叱るのは難しいことです。父性と母性のバランスという点で見ると，父性的な「ダメ」が子どもに真の意味で伝わるには，母性的な意味でこの教師は自分のために叱っているのだ，と教師が味方であることを，子どもが感じる必要があります。そうでないと，子どもは反発するだけになってしまいます。

　児童生徒理解がないまま叱る（今回の場合は怒る）ことは，教師と子どもの関係を難しくします。自傷・他害などまず制止すべき場合は別ですが，教師は見立ての可能性を増やし，この生徒は心の奥では何を求めているのかを想像し，少しでも多くのかかわり方を持

つことが有効です。実際は，ちょっとしたことでもよいので，相手や自分の気持ちを変えたり，場の雰囲気を変えたりと，真剣な中にもアイデアや遊び心が大いに必要になります。

　かつて筆者（角田）が，知りあいのベテランの中学教師から聞いたエピソードがあります。その教師が新任の頃に，校内で暴力的な男子生徒と対峙することがありました。教師に対して興奮して殴りかかってきそうな状態でしたが，その教師はとっさの判断で男子生徒の体をくすぐってみたそうです。すると，小さな子どものように身をよじって笑顔になり生徒の雰囲気は一変しました。このエピソードから言えることは，もちろん乱暴な生徒はくすぐればよいということではなく，その時その場で教師が感じとったことが重要だということです。おそらくその教師は男子生徒の息巻いた様子を前にして，小さな男の子と接しているように感じたのだと思います。

　「遊び」は学校臨床に限らず，個別のかかわり合いにおいて大切な要素であり，何かを生み出す創造性のもとになります。「冷静さを模索する」と共に，様々な機会を通じて，理解とかかわりを拡げる「遊び心」を心のポケットに潜ませてほしいと思います。

5．高校における実践１（E子さん）

(1)レポート報告されたプロセスレコード

(1)エピソードタイトル（大学受験，授業について悩んでいるE子）
　　　　　　　　　　　　　校種（高校）　学年（２）　性別（女子）

(2)この場面を選んだ理由：
　実習で担当した授業でかかわったE子とのかかわりをまとめる。E子は留学経験があり，学校の授業にあまりついていけていない状況であった。そんな中，大学受験を１年後に控えたE子は不安な思いを持っており，ある日，個別に勉強を教えた時にそのことを相談してくれた。実習の中で一番印象に残っているため取り上げた。

(3)子どもの言動（発言「　」の他，行動・態度や表情なども記述する）	(4)私が感じたこと・考えたこと	(5)私の言動（発言〈　〉の他，行動で示したことも記述する）	(6)分析・考察
①職員室に入ってきて，「S先生いらっしゃいますか？」。		②職員室を見渡したが，おられなかった。〈おられないけど，どうしたん？〉。	
	③E子が物理の教科書を持っていたので，わからないことを聞きに来たと考えた。	④〈物理でわからんとこあるん？　あるんやったら教えよか？〉	わからないことに対して，素直に教えたいと思っている。
⑤「先生数学やのに物理わかるん？」少し不安そうな顔をしていた。	⑥まだコミュニケーションも十分に取れてない中で聞くのが不安なのか，他教科の先生に物理がわかるのか不安なのかわからなかった。	⑦なかば強引に〈とりあえず見せてみ！〉と言って問題を見た。	実習生の立場で担当教科ではないにしろ，他に先生がいらっしゃる中で出しゃばって良いのだろうか。
	⑧実習生の身で他教科のことを教えても良いのかと考えた。その分しっかりと教えてあげなければと考えた。		
問題を一通り教えた後 ⑨「先生ありがとう！　数学の先生やのにすごいな！」嬉しそうに言		⑩〈せやろ！　実は物理できるねん〉。教えたことが伝わって安心し	不安な顔をしていたので私が少し自信ありそうに言うことで安心すると

(3)子どもの言動	(4)私が感じたこと・考えたこと	(5)私の言動	(6)分析・考察
ってくれた。		た。	考えている。
	⑪きちんと教えられてよかったと考えた。同時に，E子の不安が解消された様子が見られた。		
⑫嬉しそうな顔がだんだんと曇ってきた。		⑬何か別に悩んでいること（わからない問題）があるのかと思い，〈どうしたん？〉と聞いた。	ここから不安な顔になり，不安そうな感じが強まっていったので，とにかく良いところを言っていこうと考えた。
	⑭まだまだ他にもわからないことがあるけど，たくさん聞くことに気をつかっているのかと考えた。		
⑮不安そうにしながら「ちゃうねん。大学のことで悩んでて」。	⑯いきなり話が変わって驚きを隠しきれなかったが，なるべく平然を装わなければと考えた。	⑰〈えっ！ まだ高2やのにもう考えてんの！偉いな！〉と平然を装いながら言った。	しかし，驚いた顔を隠せなかったことは反省すべきである。
⑱少し顔の表情が緩み「去年留学に行ってて，授業全然ついていけてないねん。ほんでこのままやったら大学受験来年やから，それでいろいろ考えてて」。		⑲〈そうなんか。留学行ってたんか。それやったら英語とかはついていけてるやろ？〉。	
	⑳不安に思ってるE子に対して，良いところを伝え，少しでも不安をなくしたいと考えた。また，悩んでいることは勉強のことなので，今後どうしていくかを		

(3)子どもの言動	(4)私が感じたこと・考えたこと	(5)私の言動	(6)分析・考察
	きちんと話さなければと考えた。		
㉑「英語はついていけるねんけど,数学とか物理とか全然わからんねん。せっかく留学行ったし,英語を生かせることしたいなとは思ってるねんけど,受験ってなったら,英語以外も必要やん?」。		㉒〈なるほどな。自分のやりたいことがちゃんと見えてることがまず凄いなって思うで。ほんで,そのことやったら,ほとんど英語だけで受験できる大学はあるやろうし,調べたら良いと思うわ!〉。	おそらく具体的なことを何も調べていないだろうと決めつけている。結果的に調べていなかったので良かったが,きちんと調べたかの確認を忘れていたのは反省である。
	㉓大学のことに関してまだまだ調べてないと感じ,きちんと英語だけで受けられるところがあることを伝えるべきであると考えた。		
㉔「そうなん? それは知らんかった!」嬉しそうな顔で答えた。		㉕〈もし今行きたい大学があってそこ受けるのに英語以外が必要なら,今はしんどいかもしれんけど,こうやって先生に聞きに来たら良いと思うわ! やりたいことがちゃんと決まってるんやったら頑張れるはずやし〉。	勉強のモチベーションを上げるためにありきたりのことしか言えなかった。きちんとE子に響いているかはわからない。
	㉖聞きに来ていることから,学習意欲はあるが,そういったことが多すぎてしんどくなっていると思い,しっかりとモチベーションを高く持たせようと考えた。		

(3)子どもの言動	(4)私が感じたこと・考えたこと	(5)私の言動	(6)分析・考察
㉗晴れた表情で「先生ありがとう！また，聞きに来るかも知れへんけど！」。		㉘〈おう！　またいつでも聞きにおいで！〉。	
	㉙一時的にかもしれないが，納得してくれてよかったと思った。		

(7)私がこの場面から学んだこと：
　留学に行った期間の授業に参加していなかったため，授業についていけないことは仕方ないことではあると思う。ただ単に授業がわからないではなく，留学という物理的にどうしようもないことが理由のため，正直戸惑いを隠せなかった。こうしたケースはE子だけに限らず，誰にでも起こりうることである。遅れた分を取り返すためにどうするかは学校としての取り組みにも影響してくる。こうしたことからも，一教師として柔軟に対応していく必要性を感じた。
　まずE子が相談してくれたのは，物理を教えたことがきっかけであると考えている。それをきちんと教えることができたため，少しは信頼し相談してくれたように思う。その相談の場面で，E子の場合，学習意欲はあったため，そのモチベーションを保つように声かけをしていかなければならないと考えた。しかし，ありきたりのことしか言えず，E子のためを思っての発言ではなかった。そこは反省すべきであるし，E子のことをきちんと思っての発言であれば，ありきたりな言葉でも心に響くように思った。
　後日，また図書室にE子が来て，質問と相談をしてくれ，終始晴れやかな表情であったため，少なくとも今回のかかわりは間違ってはいなかったと安心した。

(2)高校における実践1についてのコメント

　この実践例では，大学受験への不安を抱えた高2生徒とのかかわり合いの場面が取り上げられています。(2)「この場面を選んだ理由」には「実習の中で一番印象に残っているため」とあり，このやり取りは，報告者にとって特別なものだったようです。どう特別だったのでしょうか。

　物理の教科書を持って職員室を訪れたE子さんに対して，教科担当がそこにいなかったこともあり，報告者は自分が代わりに教えようと言います。E子さんからすれば，驚きと共に応答的だと感じられたかもしれません。

　報告者の動きは，⑦にあるように「強引」で積極的です。(6)「分析・考察」にも「出しゃばって良いのだろうか」と書かれています。このあたりの報告者の内面は，もう少し記述がほしいところです。強引にした理由として筆者（角田）がまったくの空想で思いつくことをあげれば，例えば(a)報告者が普段の消極的な性格を変えようと思っていたとか，(b)本当は「物理」をもともと教えたかったとか，(c)E子さんや生徒のことで何か気がかりな

思いを持っていたとか，タイミングとして(d)実習全般に慣れて余裕ができ，もう少し自由に動いてみようと思っていたとか，等々です。今いくつかあげた可能性は，1章8節で述べた報告者自身の「自己調節」に関することです。いずれにせよ報告者はこの時機に何かチャレンジングな気持ちになったようで，報告者の内面の何かが後押しをし，この場面を「一番印象に残っている」ものにしたのではないでしょうか。

　2人のやり取りは，物理の学習で終わらずにもう一歩深まり，⑮でE子さんは大学受験について悩んでいることを語ります。報告者はそれを聞いて驚き，平静を装おうとします。しかし，筆者としては，驚きという自然な反応が出たことは，2人のコミュニケーションとして良いように思いました。

　報告者は，⑲⑳でE子さんの悩みを自分なりに把握し，留学による得意・不得意科目について具体的に話を進めていきます。こうしてE子さんの状況を整理することで，彼女の不安を軽減し，受験への方向性を大まかに示せたことは，相談場面として機能できたと言えるでしょう。少なくともプロセスレコードを読んだ筆者としては，E子さんの言動を含めてこの一連のやり取りは意義あるものだったと思います。

　省察の対象とは，1章8節で見たように，「相手の自己調節」，「自分自身の自己調節」，「関係調節」の3つがあります。E子さんは，数学の実習生である報告者に物理を教えてもらって信頼を抱き，留学にまつわる受験への不安を語ることができました。そして，報告者の「ありきたり」かもしれませんが，的確なアドバイスによって今後の見通しを持てるようになったと言えます。つまり，「関係調節」によって「E子さんの自己調節」は，不調から安定に改善されたと言えるでしょう。

　一方，「報告者の自己調節」も，「関係調節」によって影響を受けたのは確かです。E子さんは自らの悩みを進んで話しましたが，省察にあるように，報告者の焦点は「学習意欲」に絞られていたようです。あるいは，「学習意欲」以外にまで視野を広げられなかった，と報告者は感じていたのかもしれません。どうやら「報告者の自己調節」としては，不十分な対応しかできなかったという不全な状態のまま推移したと理解するのが，報告者の思いに近いのかもしれません。

　考えてみれば，その場の当事者としては，自分と相手とのかかわり合いにプラスの意味があるのかどうかは，誰でもなかなか確信が持てないものです。(7)「私がこの場面から学んだこと」の最後に，後日談としてE子さんが再度相談に来た様子が書かれていますが，報告者としては，ここに至ってようやく手応えが得られたようです。「ありきたり」なことしか言えず，E子さんのこともよく知らない状況でしたが，彼女にとって有意義なやり取りだったことがやっと確かめられました。つまり，報告者の自己調節は，後日の再会という関係調節でようやく安定したと言えます。それゆえ「実習の中で一番印象に残っている」出来事になったのかもしれません。

　このプロセスレコードで示されたように，報告者の思いとは裏腹に，教師とのかかわり

は，子どもにとって大きな意味を持つことがあります。教師をしている限り，不確かさは結局なくならないかもしれませんが，それだけに小さなかかわり合いであっても，一つひとつをできるだけ大切にしたいものです。

6. 高校における実践2（F子さん）

(1)レポート報告されたプロセスレコード

(1)エピソードタイトル（授業中にいきなり大きな声で歌い出す）

校種（高校） 学年（2） 性別（女子）

(2)この場面を選んだ理由：

　高校2年生の女子生徒F子のある授業中の事象を取り上げます。この時期は研修旅行前の時期であり，学年でF子だけ研修旅行に行けないなど問題を抱えていました。また，F子は家庭的にも複雑な問題を抱えています。日々の授業でのF子の様子は，気分にむらがありとても浮き沈みが激しいのがわかります。良い時はクラス全体を良い方向へと導くことができますが，そうでない時は周りへの悪い影響力がとても大きいです。この場面はそのF子が，授業開始にとった事象のことです。この事象に私自身のショックと驚きがあり，いつまでたっても忘れられないくらい印象的だったためこの場面を選びました。どのように対応すべきかわからず，戸惑いがありました。また，この時のF子に対してどのような対応をすべきだったかが私自身の課題と感じたため，自らの発言と行動を見直すためにもこの場面を通し考察したいと考えます。

(3)子どもの言動（発言「 」の他，行動・態度や表情なども記述する）	(4)私が感じたこと・考えたこと	(5)私の言動（発言〈 〉の他，行動で示したことも記述する）	(6)分析・考察
①始業チャイムが鳴っても授業の準備が終わっていない。授業が始まっても笑いながら席に座り，大きな声で席の離れた友達と話し，大きな声で笑い出す。	③なぜ，このクラスはいつも授業を始めるのに，こんなに時間がかかるのか，試験期間が近いため，早く授業を進めたいとの思いと焦り。	②〈早くしなさい。準備して〉〈チャイム鳴ったよ。授業始まっているよ〉と，大きな声で全体に指示をする。	時間に応じて行動する習慣が徹底できておらず，授業を受ける，受けさせる準備ができていない。私の焦りが何かしらの形で伝わっていた。
④授業と全く関係のない当時流行していた歌をF子は自分の席に座って大きな声で歌い，その歌に合わせて手を使い，ジェスチャーつきで踊り出した。その声はフロアー中に響き渡	⑤なぜこんなことをするのか，当時の私はその流行の曲のことを知らず，聞いたこともない歌で全く理解できなかった。いきなり歌い出したため，大きな動揺と驚きがあった。ま	⑥目を大きく開けて指を立てながら，〈シーッ。F子さん，静かに〉。少し笑みを浮かべながら〈授業には関係ないでしょ〉と注意を促す。	その状況を私自身があまりの衝撃に整理できずにいた。このF子の心の状況と向き合う余裕が全くなく，ただその状況，場を鎮めようとしていた。

(3)子どもの言動	(4)私が感じたこと・考えたこと	(5)私の言動	(6)分析・考察
るような大きな声だった。それを聞いたクラスの子達が大きな声で笑い出す。	た，他の生徒に迷惑をかけることへの怒り。		
⑦F子は一旦静かにし，クラスのみんなに笑顔を作り，廊下中に響くような大きな声でまた同じように歌い出す。	⑧他のクラスへの影響，迷惑，他の先生の目がとても気になった。	⑨大きな声で〈F子さん，静かにしなさい。いい加減にしなさい〉と声を荒げる。 ⑩黒板の方をむき板書を始める。	生徒，クラスの状況よりも，私自身が他者の目を気にして注意しただけで，なぜそのようなことをしたのかまで考察していなかった。また，この時に，何の歌なのか？なぜこの歌を歌っているのか？ この独特のリズムを使って英語音読につなげる方法が提示できたらよかったのではないかと考える。
⑪授業を聞くふりをして，また歌を歌い出す。	⑫高校生になってよいことと悪いことの判断できないのか，他人の迷惑になっていることがなぜわからないのかという怒り。	⑬ふり返って，視線をF子に向ける。	
⑭F子は笑いながらいったんやめ，また歌い出すという行動を2,3度繰り返す。	⑯今はやめてと言う気持ちが強かった。	⑮〈今は何の時間？ 他のみんなの時間を奪っていることになるのよ。授業を妨げるなら教室から出て，職員室に行きなさい〉と，F子の方を向いて声を荒げた。	感情的になり叱っていた部分があった。F子自身で判断して，その場にあった行動をしてほしいとの気持ちが強かった。F子はしてはいけないとわかりながら，その行動をとったと考えられる。何かを訴えたかったのか，その背景を考えていなかった。考える余裕がなかった。
⑰F子は机にタオルを敷きうつ伏せになって寝る。	⑲迷惑をかけるより，ましな行動だと考えた。授業を放棄するのは生徒の責任だと考えた。	⑱寝ることを黙認した。	授業を受けない選択をした背景に，授業を受ける意義，価値を見出させなかったことがあった。

(7)私がこの場面から学んだこと：
　この対象生徒F子とは高校2年生の英語の授業中でしかかかわることがありませんでした。今思い返すと，生徒の行動に教師がどう反応し，返すかを試されていたのだと思います。また，F子は何か私にメッセージを訴えていたのではないかと考えます。それに対して適切に反応できなかったことが私の大きな課題であったと感じました。私がこの場面をふり返ることで学んだことは3つあります。
　ひとつめは，教師側がいかに面白い，楽しいと思わせる授業をするかの重要性です。どれだけ魅力的な授業をするかで，生徒の目，態度，行動は変わると思いました。同じ行動でも，問題行動と受けとめるのか，問題行動が起こらなかった授業につなげるのかは，教師としての働きかけによって変わるものだと思います。その当時，生徒が歌った最新の曲をひらめきとアイデアで即興的に授業と関連づけることができれば，問題行動としてとらえることはなかったと思います。そのように，授業へとつなげる力を付ける必要があると思いました。
　二つめは，対話することの大切さ，授業でのコミュニケーション力の必要性です。最新のネットからの情報は生徒の方が詳しいこともあるため，なぜその歌を歌うのか？　何の歌なのか？　私自身がわからないとはっきりと伝えたうえで，質問し，対話したうえで指導すべきであったと考えます。生徒の反応に教師がどうやって返すか，そしてその行動をみて，周りの生徒も影響されると考えるため，その反応，対応の仕方がとても大切であったと考えます。やって良いこと悪いこと，その限度を理解して行動してほしいとの思いがありましたが，その過程で感情的に伝えていた部分があったところは反省すべき点です。対象生徒の家庭環境や背景から，生徒を気にかけていたつもりですが，それとは別に授業中だけのかかわりであるならば，その中でいかに対話していくのか，その時の状況にあわせて対話する必要がある大切さを学びました。
　三つめはいかに日々の教室の環境づくり，集団作りをするかの大切さです。問題となるような行動が起こるクラスでは，その生徒の3分の1は迷惑でうるさいとの感情を抱き，3分の1は授業が滞り嬉しいと感じ，3分の1は無関心であると考えられます。また，対象の生徒がいる時と，いない時では，クラスの雰囲気が全く違います。対象生徒がいる場合では，授業中その子1人と教師の2人の関係にどうしてもなってしまいがちです。対象生徒がうるさい場合は，周りの生徒には黙ってみているだけの子，たまにその子に対して注意してくる子がいます。そのように，子ども同士で注意し合うという，子ども達の関係が自然にできれば，問題行動へとつながりにくいように考えます。高校2年生であり，自身の感情，思いがあるにせよ，社会にでればもっと厳しい環境に置かれる生徒達に対して，自身の感情だけで振る舞うことを自制する力を身につけさせるには，集団の中で学ぶことがとても大切であると考えました。この場面を通じて，クラスの生徒達を巻き込んだかかわり，生徒同士の関係性を促せるような働きかけが大切であったと考えます。

(2)高校における実践2についてのコメント

　授業がはじまったにもかかわらず，F子さんは流行の曲を歌い踊ります。注意されていったんやめようとしますが，彼女はまた歌いはじめます。報告者は初めての事態に驚き，感情的に反応していきます。その経過はプロセスレコードにしっかりと書かれており，報告者が苦しんだ様子が伝わってきます。このかかわり合いについて，1章8節に示した自分と相手の「自己調節」と2人の「関係調節」から見ていくことにします。
　報告者の「自己調節」としては，F子さんの行為を怒って止めるしかありませんでした。それは報告者に不全感や無力感をおぼえさせるあり方だったと言え，調節不全と言えるで

しょう。

　一方，(6)「分析・考察」や(7)「私がこの場面から学んだこと」に書かれているように，F子さんの「自己調節」も苦しいものだったろうと推測されます。歌い踊ることで，周囲の生徒達の注目を浴びますが，報告者に対しては困らせることになっています。しかし，F子さんは，あからさまに反抗するのではなく，むしろ感情的になっていく報告者に対して，最後は歌う行為をやめて大人しくなる，あるいは無反応になっていきました。(2)「この場面を選んだ理由」を見ると，彼女は浮き沈みが激しく，良くも悪くもクラスに影響力がある，とあります。家庭的な背景も含めて，報告者はF子さんの性格や状況をある程度把握しているようです。

　また，その場にいた時の報告者は，他の教師の目を意識し，授業を進めるためにも，F子さんが鎮まったことで，かりそめの解決を得たようです。しかし，この省察の目的にあるように，彼女とどう向き合うことができるかを，報告者は自問しています。

　報告者は省察で，授業の中で彼女の突飛な行為を生かせる可能性を考えています。授業は教師の中心的な仕事です。それゆえ，学習指導に生徒指導を交えた柔軟な対応が求められます。F子さんの歌には，英語の授業につながる接点があったことに，報告者は気づいたようです。

　F子さんの「自己調節」としては，彼女の隠れた意図に報告者は思いを巡らせています。報告者は，F子さんに「試されていた」ともふり返っています。問題行動には，それを受けとめる相手への「問い」が含まれることは多いものです。その問いに応えるのは簡単ではありませんが，「私」なりにどう応えられるかがポイントです。F子さんは，報告者から手応えのある応答が返ってくることを，期待していたのかもしれません。

　教室にいる教師は，個人と集団の両方にかかわる，というとても複雑な仕事をしています。「関係調節」としては，報告者とF子さんという2人の関係が問題になっていますが，それを他の生徒達との関係にどうつなげられるかを，報告者は自問しています。まさに個と集団の両方にかかわる教職の独自性に，報告者は考えを巡らせています。

　こうした(7)「私がこの場面から学んだこと」で考察された，(a)授業の面白さ，(b)生徒との対話，(c)集団づくり，の3点について，報告者は一般論ではなくまさに「自分事」として向き合うことになりました。1章9節の「自己対峙」とは，こうした自分の限界を見つめながら，次への歩みを模索する苦しくて地道な作業と言えます。報告者は自己省察によってヒントを得ており，今後の実践につなげていってもらいたいところです。

5章

プロセスレコードによるグループ省察会

1. グループ省察会の進め方

　プロセスレコードに記されたかかわり合いについて，自分以外の他者の視点からフィードバックが得られるのが，グループ省察会のポイントです。自己省察だけでは得られなかった，新たな視点が見えてくる可能性があり，グループ省察会で発表することは，省察に拡がりや深まりが得られるかもしれません。ですから，参加者のフィードバックの「質」がとても重要になります。

　グループ省察会のメンバーは，発表者，参加者，司会者，そしてスーパーヴァイザー役を担える指導者となります。座席配置の例を図3に示します。お互いの顔が見える配置が良いでしょう。

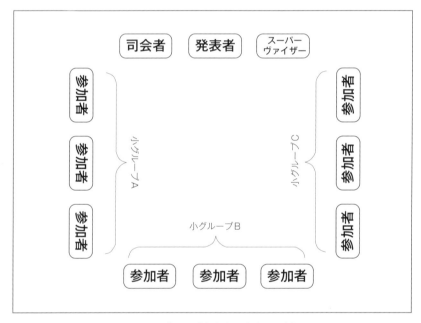

図3　グループ省察会の座席配置例

2. 目的の共有と安心して報告できる場の提供

　次に，グループ省察会の流れを図4に示しました。①は事前準備ですが，その後の時間の流れを3つに分けると，目安として②③④が前半で「プロセスレコードの発表」，⑤⑥が中盤で「グループディスカッション」，⑦⑧が後半で「全体のディスカッション」となります。

グループ省察会を45分間で行うなら，各々15分間ずつという見当になります。

グループ省察会を行う際の留意点としては，「省察会の目的」をメンバーが共有することが何よりも大切です。「省察会の目的」とは，発表者である教師（学生）の省察を，そのグループ全体で行うことにあります。他者と共に省察を行うには，発表者ができる限り本音で語り，それを受けとめるグループがあって，初めて場が成立します。つまり，省察会とは，発表者と参加者との協働作業によって成り立ちます。

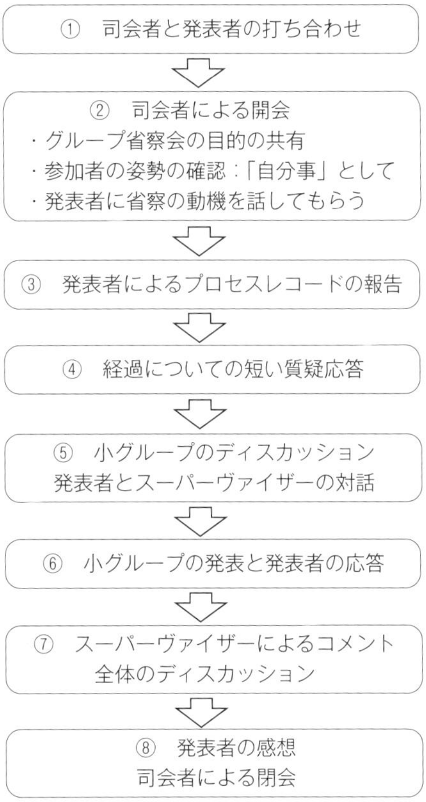

発表者が本音を語るには，場に対する「安心感」が欠かせません。参加者には温かさと厳しさの両面が必要ですが，まず参加者が意識する必要があるのは，「他人事として」あら探しをすることではありません。また「こうするべき」という模範解答を押しつけることでもありません。報告された場面を追体験し，「自分事として」どう対応しうるのかを思い描くことが，参加者には求められます。生身をさらしている発表者を攻撃するのはいとも簡単なことです。そうではなく，参加者は自分が発表者の立場にいるかのように，想像力を発揮することが必要なのです。

① 司会者と発表者の打ち合わせ

② 司会者による開会
・グループ省察会の目的の共有
・参加者の姿勢の確認：「自分事」として
・発表者に省察の動機を話してもらう

③ 発表者によるプロセスレコードの報告

④ 経過についての短い質疑応答

⑤ 小グループのディスカッション
発表者とスーパーヴァイザーの対話

⑥ 小グループの発表と発表者の応答

⑦ スーパーヴァイザーによるコメント
全体のディスカッション

⑧ 発表者の感想
司会者による閉会

図4　グループ省察会の流れ

教員研修や学校現場など様々なグループ省察会の場が考えられますが，こうした目的をどの程度共有できるかが，その省察会の成否を決めることになります。ですから，図4の②に示したように省察会の開始時に，主催者から丁寧に目的と参加者の姿勢を説明する必要があります。もちろん，グループ省察会前に目的を伝えておけるなら，その方がよいでしょう。

3．司会者とスーパーヴァイザー

グループ省察会の目的に沿うように進めるために，省察会を進行する司会者の役割は重要です。②にあるように，発表者がこの省察会で何を取り上げたいのか，その動機を司会

者が発表者に問いかけ，他の参加者と共有することがまず必要です。その上で③④とプロセスレコードの発表に進みます。司会者は時間の配分に注意します。

中盤になり，今度は参加者が少人数に分かれ⑤グループディスカッションを行います。司会者が，②であった発表者の動機を再確認し，グループディスカッションの方向づけを行います。参加者の数によりますが，参加者全員がプロセスレコードを聞いて感じたことを話せるグループの規模（３〜５人くらい）がよいでしょう。この時に，発表者とスーパーヴァイザーと司会者で小グループをつくりここまでの発表の内容を確認し，この後の方向性についての話し合いを行います。

そして，小グループで話し合われた内容を各グループから⑥発表してもらい，適宜発表者に応答してもらいます。その後で⑦スーパーヴァイザーのコメントを交えながら，全体のディスカッションにつなげていきます。

司会進行にあたっては，グループや全体のディスカッションが，発表者のもともとの省察動機とズレていないかに注意し，時に最初の目的に立ち返るようにディスカッションを軌道修正することも必要です。軌道修正は司会者かスーパーヴァイザーのどちらかが行うとよいでしょう。

発表者にとってそれまでに意識されにくかった事柄が，ディスカッションを通じて明らかになることは，多くの省察会で起こりますが，発表者の受けとめ方には当然幅があります。そのため，司会者は，発表者がどうディスカッションを受けとめているのかに丁寧に注意を払います。その上で最後の⑧で，発表者がその省察会をどのように経験したのかを話すように促します。

スーパーヴァイザーとは，プロセスレコードによる省察について経験のある指導・助言者を指します。臨床心理学では，カウンセラーの訓練として，スーパーヴィジョンが行われてきた歴史があります。スーパーヴィジョンでは，カウンセラーが自分より経験のあるカウンセラー（スーパーヴァイザー）に自分が担当している面接経過を報告し，スーパーヴァイザーと共にその経過を丁寧に検討して，その力量を磨いていきます。形式は，１対１の個人スーパーヴィジョンと，集団で事例検討を行うグループ・スーパーヴィジョンとが心理臨床では行われてきました。

こうしたスーパーヴァイザーの役割を担える人がグループ省察会にいると，ディスカッションの方向性がまとまりやすく，省察を深める可能性が高まります。司会者とスーパーヴァイザーは別の方が進めやすいでしょうが，１対１で個別に省察会を行う場合など，司会者とスーパーヴァイザーの役割を１人の指導・助言者が兼ねることもあります。

現職教員や研修担当者が，グループ省察会の目的や，学校臨床力と省察の関連について理解していれば，スーパーヴァイザーを担うことはもちろん可能で，今後そうした人材が増えることが期待されます。

6章

グループ省察会の実際

この章では，プロセスレコードを用いた「グループ省察会」の実際を見ていきます。小学校2例と中学校1例を紹介します。

　ここで紹介するグループ省察会は，若い教職大学院生が，実習など学校現場で経験したことをプロセスレコードにして発表し，20名ほどの仲間達が司会・タイムキーパー役の2名とその他の参加者に分かれ，それから大学教員2名がスーパーヴァイザーとして加わり，ディスカッションを行ったものです。進め方は5章の通りで，時間は45分間です。

　はじめに(1)その場で報告されたプロセスレコードを紹介し，次に(2)グループ省察会の様子を筆者（角田）が紹介します。そして(3)①それを受けて発表者が感じたことと，②別の機会に参加者としてグループ省察会に出た時の感想を載せています。最後に(4)筆者（角田）のコメントを付けています。なお，(1)と(3)は，発表者である教職大学院生が書いたものです。

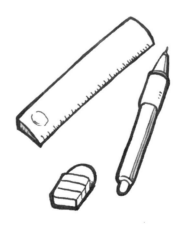

1．小学校における実践1（G君）

(1)省察会で発表されたプロセスレコード

(1)エピソードタイトル（G君との関わりと変化）			
校種（小学校）　学年（2）　性別（男子）			
(2)この場面を選んだ理由： 　配当学年のクラスで少し気になっていた存在の男子児童G君らと昼休みにサッカーをして一緒に遊んでいたところ、4年生の男子児童Q君がゴールを陣取りG君達の邪魔をし始めた。間近で見ていた私がG君の話を聞き態度や対処の仕方等少しアドバイスをしたところ、G君自身腑に落ちるところがあったのかこの日を境にG君の態度が軟化し、信頼を置いてくれるようになった転機の瞬間であると考え、この場面を選んだ。			
(3)子どもの言動 （発言「　」の他、行動・態度や表情なども記述する）	(4)私が感じたこと・考えたこと	(5)私の言動 （発言〈　〉の他、行動で示したことも記述する）	(6)分析・考察
①ある日の昼休み、G君をはじめ2年生の児童数名が「先生！　今日は昼休みサッカー来てくれる？」と聞いてきた。	②前日に誘われたが、運動会練習の事前準備があり行けなかったため〈明日は行くよ！〉と約束していたことを覚えていてくれた。	③〈昨日約束してたもんな。今日は行くで！〉と、にこやかに返した。	学校に入ったばかりでどう関わろうか戸惑っていたところ、子ども達から声をかけてくれた。
	④全体を見渡し危機管理する目的と、フィールドに入って怪我をさせたら…という危険を感じ、キーパーをしようと考えた。	⑤〈みんな怪我したらあかんから、先生キーパーするわ〉。	大人と子どもの体格差を考えての発言だったが、子ども達は落胆していた様子だった。
⑥グラウンドに出て、G君を中心に適当にグループを2つに分けて試合がはじまった。			
⑦私のゴールキックの威力を見て、他の児童が『先生！　俺に蹴らせて！』と言い、ゴールキーパーを代わる提案をしてきた。別の児	⑧〈シュートなしなら怪我させる心配もないかな…〉と、フィールドに入ろうと考えた。チームは人数が少ない方のチームを選んでそち	⑨〈わかった！　じゃあ人数少ないし、こっちのチームに入るわ。あと先生シュートなしでやるし、初めにボール取りに行くからみんな	一緒にサッカーしたかったのかと、先ほどの発言を少し反省した。

(3)子どもの言動	(4)私が感じたこと・考えたこと	(5)私の言動	(6)分析・考察
童達も『先生今俺ら負けてるしこっち入って！』『そんなんずるいわ！』と、取り合いになっている。	らに入ろう。	頑張ってゴール決めてな！〉。	
⑩チームを告げるとG君が「よっしゃ！ 先生同じチームや！ これで勝てるぞ！」と歓声をあげた。	⑪G君が校外のクラブでサッカーをしていたかもしれないことを忘れており、さらに大人が同じチームに入ったためにパワーバランスを狂わせてしまったかもしれないと思った。	⑫〈あ、G君おったら安心やな。カバー頼むで！〉。	この子は活躍させた方がいいのかどうか、判断がその場でつけられなかった。
⑬〈カバー頼むで〉の声にG君は「任せて！ 俺サッカーやってるし！」と親指を立てて答えた。	⑭普段から自分の名前入りのユニフォームを着て登校しているので、〈あ、やっぱりやってたか〉という印象を受けた。	⑮にっこり笑って返し、ボールが飛んできたのでプレーに戻った。	G君は見た目の印象で周囲から少し強面な印象を持たれやすいと感じていたが、そうではないと感じた。
⑯G君はやはり経験者なだけありうまく、ボールの位置を見ながら同じチームのメンバーに「マークきてるで！ もらうわ！」など的確に指示を出していた。	⑰普段から周りのことをよく見ていると感じていたが、サッカーという自分が得意なところで思う存分その面倒見の良さが発揮されているなと感じた。	⑱聞こえるか聞こえないかわからないほどの声で〈G君さすがやな〉とつぶやいた。	自分が目立つだけではなく、周りの子も巻き込めるキャラクターに感心した。
	⑲G君にボールを渡した児童が反動で転んだため、怪我がないか確認していた。G君の大声でゴール前で何かがあったと気づいた。		
⑳G君にボールが渡り、決定的な場面になりシュートを放ったが、突如4年生（のちに判		㉑〈なんや、どうしたんや〉と、ゴールの方へ駆け寄る。	決定的な瞬間を見逃していたので、状況把握から入ろうと行動を起こしている。見逃した反省よ

(3)子どもの言動	(4)私が感じたこと・考えたこと	(5)私の言動	(6)分析・考察
明）のQ君がゴール前に現れ、G君の放ったシュートを遮ってしまった。G君はQ君に詰め寄り「なんでそんなことするん！」と大声で叫んだ。			りも行動が先に出ているところは評価できるのでないか。
㉒Q君は冷静に『え、今日は中学年の割り当ての日やで？ 勝手に使ってる方が悪いんじゃないんですか？』と返答した。	㉓Q君の話し方はG君をバカにしたような、人をイライラさせるような話し方だなと思った。	㉔Q君の存在が気になったためキーパー役の児童に〈キーパー代わって〉と提案したが断られたので、〈じゃあ1回先生に蹴らせて〉と言ってボールを受け取り、G君とQ君を引き離すために遠めにボールを蹴った。Q君の行動を観察するためにゴール前に位置を取った。	Q君の存在以上に言動が気になった。自分よりも年齢が下の子に使うような言葉遣いではないと感じたので、Q君がどういう子なのか知りたいと思ったが、同時に今かかわり合いたくないと思った。
㉕またすぐにG君にボールが渡り、今度はゴール前にいた私にパスを放ったが、Q君がカットしようとしたためG君が「おい！ なんやねん！」と激昂した。	㉖まずいと思った。見立てを間違え〈Q君がG君のシュートだけを邪魔する〉と思い込んだため、G君が怒鳴る状況を作ってしまったと反省した。	㉗とりあえずキーパー役の児童に〈ゴールに近寄らないで〉と指示し、ゴールに蹴りこみゲームを止め、G君を落ち着かせるために間に入った。	G君が怒鳴るまでフラストレーションを溜めてしまったのは自分の責任。何か手を打つべきだった。
		㉘Q君と話がしたかったので〈もう1回蹴るで！〉と言い、かなり遠めにボールを蹴った。G君にもボールを追わせてQ君に〈他の子も来るん？〉と話しかけた。	後でG君の担任に報告した時に提案された手だて〈Q君にここに来た理由を尋ねる〉を講じてはいたが、弱かったと感じた。
㉙Q君は『いや？ でも今日は中学年の使う日	㉚決まりの話をしているだけなのか、はたまた	㉛〈そうやったんか。先生知らんかって、みん	素直に思ったことを伝えた。正直〈低学年にけ

(3)子どもの言動	(4)私が感じたこと・考えたこと	(5)私の言動	(6)分析・考察
やねんで』と返答した。	何か別の意図があるのかそこでは判断がつかなかった。	なに注意できてなかったわ。でもあと5分くらいやから使わせてもらってていいかな？〉。	んかふっかけるなよ…〉と内心思っていたので，その気持ちが見抜かれていないか不安に思いながら話をしていた。
㉜Q君は『うーん…まあ知らんかったらしゃあないか。でも低学年の日じゃないから邪魔するで』と答えた。	㉝〈あと5分くらいならゴールまで回さないようにボールを回すことができる〉と考え，何とか近づけないようにしようと思った。	㉞〈じゃあ2人（2年生のキーパーとQ君）でキーパーしてて！〉と言い，ボールを受け取りに行った。	自分がQ君にできることは何もないのではないかと，自信を失ってしまった。
㉟『えー』と言いながらQ君はゴールポストから離れなかった。が，同時にチャイムが鳴ったので，Q君は昇降口に向かって走り出した。	㊱〈掃除の時間に担任に報告しないと〉という考えと〈早くチャイム鳴ってくれ！〉という思いが両方心にあった。	㊲眉間にしわを寄せ教室に帰ろうと歩いているG君に近寄り〈前にもこういうことあったん？〉と聞いた。	一方的に攻撃されて，G君は何を思っているのかということと，以前にもあったのか聞き取る必要があると感じた。
㊳「うん…1学期にも邪魔されて，あいつにヤンキーとか言われた」と小さな声でつぶやいた。	㊴〈ああ，前にもあったのか〉と思い，おそらくG君の性格上，学校では相談できていないのだろうと考えた。	㊵〈あーなるほど…さっきも見てて思ったけど，自分で解決しようと思うのはいいことやけど，何かあったら先生にも言いや〉。	抱え込むことがいいことではないということを伝えたいという気持ちが強く出ている。
㊶「でもあいつ使ってなかったんやで！」と，大きな声を出した。	㊷決まりはわかっているが，みんなと遊びたかったんだなと，G君の行動・言動を分析した。	㊸〈それでも，決まりは守らんとな。みんなで楽しく遊ぶためには〉。	G君は決まりを守らないのは悪いことだとわかっていたので，遊びたい気持ちと天秤にかける必要があることを何とかわかってほしかった。
㊹「うん…まあ，そうやな」と釈然としない様子だった。	㊺何か一言，行動を変えられそうな一言を言ってあげられないものかと思った。	㊻〈みんなで決まり守って，楽しく過ごそうぜ〉。	気持ちが軽くなるように，締めの言葉を選んだ。

| ㊼少し肩をすくめ，にやけたような笑顔を浮かべ「ほんまやな」と元気な声で返事をした。 | ㊽ひねり出した言葉ではあるが，G君はわかってくれただろうか…。 | | |

(7)私がこの場面から学んだこと：
　この出来事以後，G君は私に対して様々な話をしてくれるようになった。それをきっかけに，他の児童も私に対して関わりを持つようになってくれた。G君はクラスでもみんなの様子を見て遊びの中心になっていたり，注意を率先してやってくれる反面，伝え方や言動に不器用さを感じる子で，他児からこわがられてもいた。しかし，帰りの会でその日の良い事を話し合う「きらきら見つけ」の場では，毎日発表するほぼ全員がG君のことを挙げるほど，周りの子はG君のことを肯定的に見ていると感じ，もっとG君がクラスで認められるようになればとの思いで，後に研究授業でG君が中心になるように課題を設定した。
　この場での私の言動は，主にQ君への手立てなど褒められたものではないと思うし，私自身も適切な指導ができたとは言い難いが，1人の児童にいい影響を与えられたことに自信を持ち，より最適な解が見つけられるように今後かかわりの引き出しを増やしていきたい。

(2)グループ省察会の様子

　まず発表者は，グループ省察会の開始時に「省察の動機」を話しています。プロセスレコードの「(2)この場面を選んだ理由」にあるように，G君との関係の質がこの場面を通じて確かなものに変わったことが，発表者にとって大きな出来事でした。発表者は，その変化の理由を明らかにしたいと思ってプロセスレコードをまとめ，今回のグループ省察会に臨んでいました。省察会では，発表者の目的を他のメンバーが共有する必要があります。今回であれば，「G君との関係性の変化」がメインテーマです。

　しかし，このグループ省察会では，発表者の省察動機と，他の参加者の関心とにズレが生じました。ズレの原因は，プロセスレコードに登場する「Q君」の存在です。G君ら2年生と発表者は休み時間にサッカーをはじめますが，そこに学年が上のQ君が邪魔をしにきます。発表者は対応に苦慮し，ゲームを妨害されたG君もかなり不満げです。

　同じ若い教職大学院生である参加者達の注意は，うまくいかなかった「Q君への対応」に向きました。注意を引かれるのは自然なことですが，発表者はQ君への対応に悩んで今回の発表をしているのではありません。㉘の後の「分析・考察」に書かれていますが，発表者はこの場面について，事後に報告者が所属する2年生の担任と話し合い，その場面で発表者がまず「Q君にここに来た理由を尋ねる」ことが大事であったと認識しています。つまり，発表者は，Q君と面と向かい，相手の思いを把握することから対応をはじめればよかったと納得できており，当日の発表でもそのように語っていました。発表者にとって，Q君への対応はいわば解決済みです。

　しかし，プロセスレコードには，その場の状況が生き生きと描かれているため，参加者

は一様にQ君への対応の難しさに目を奪われたようです。当日は5つの小グループがありましたが，Q君への対応がほぼ話の中心になっていました。「報告者はもっとQ君と話しあい，G君ら2年生が気持ちよくサッカーができるように指導すべきではなかったか」というような指導の不十分さを指摘する意見が多く見られました。これでは省察の目的とは異なっていますので，小グループの発表の後に，筆者（角田）から発表者が何を省察したいのか再確認をして，ディスカッションの軌道修正を行いました。

発表者の意図と参加者のディスカッションがかみ合わない場合には，司会者やスーパーヴァイザーがズレの理由を見つけて，場の舵取りをすることが大切になります。

(3) 省察会後の発表者のレポートから

①プロセスレコードを発表して思ったこと

私が今回プロセスレコードを発表して思ったことは，対応していた当時の状況を思い出しながら書いていると，その当時の自分は落ち着きがなく，目の前の状況をどうにかしようと必死であったと気づいたことであった。それと同時に，実習生ではあれども教員として適切ではない言動も見られ，子どもと対する時には冷静さを欠いてはいけないと思った。

そして，現状では冷静に対処できるだけの引き出しがなく，自分が学校現場に入るたびに真新しい子ども達の反応に未だに驚かされるばかりなので，学級経営の授業や，すでに現場に入って経験が豊富な方達の体験談を聞き，まずは自分の中に多くの引き出しを作ることからはじめていきたい。

また，今回，教員の一言が1人の児童生徒に与える影響の大きさに改めて気づいた。私は取り上げた事例の中でG君の信頼を得ようと思って意図的に話しかけたわけではなく，標的にされたことを気にかけてであったり，声を荒げたことに対する注意をするつもりで話しかけていた。しかし，その声かけがG君に影響を与え，この人は信用できるかもと思われるようなきっかけになったことは事実として受けとめたい。また，今回は良い方向に向いたが，逆もまた然りであると思うので，一つひとつの言動に責任をもって，子ども達と会話するための言葉かけや表情など，今回のグループ省察会で発表したことを足がかりとして，これからも考えていきたい。

②参加者として考えたこと

他のグループ省察会に参加し，自分以外の発表者のプロセスレコードを聴いて思ったことは，そもそも自分自身の「プロセスレコード」に対しての考え方やイメージが違うということであった。プロセスレコードとは，何か問題行動を起こした児童生徒とのかかわりについて記述するものだと思っていたが，今回私を除く発表者のプロセスレコー

ドを聞いて,「叱る・褒める」という単純な行動では解決できない問題ばかりだと感じた。

また,教員が「子どもが抱えている問題」に対してどこまで手を出していいのか,もう一度考えさせられる内容が多く,プロセスレコードを読んで教員が「教員として踏み込めるライン」について考えている時間が長かったと思った。事例の主人公に対する見立てはできても,果たして教員としてどこまで迫ることができるのか,グループで話し合う際にも悩んだところである。

今回のグループ省察会では,発表者の記録を読んで「自分だったらどうするだろうか」という視点を与えられたと感じた。省察会では,まず「自分だったら」という点からアプローチし,議論の中から最適解を見つけていきたいと思った。

(4)グループ省察会（小学校の実践例1）についてのコメント

まず,発表者の省察のメインテーマである,発表者とG君の関係性がどう変化していったかについてコメントをします。

とても内省的にプロセスレコードが書かれており,発表者のG君理解がどんどん変わっていくのがわかります。⑬～⑱では,それまでの外見的に強面の印象が変わりはじめ,G君の他者への面倒見の良さを発表者はつかみはじめます。Q君とのトラブルの後の㊲～㊴では,発表者はG君に思いを直接尋ねます。彼も過去の出来事を話し,そこから発表者は,他者に話せず1人で抱えていたであろうG君の孤独感を想像しています。このように発表者のG君理解は,表面的なところから内面の思いへと深まっていきます。

さて問題のQ君とのトラブルですが,とても興味深いのは,G君と発表者には共通点が見られることです。G君は学年が2年下であるため,上級生のQ君にうまく対処できず,釈然としていません。他方で,発表者も実習生という自信のない立場で,やはりQ君にうまく対処できていません。Q君が登場したことで,2人は意図せず,困った状況を体験し同じような立場になりました。発表者は,G君とQ君が直接トラブルになるのを防ごうとして,苦肉の策でボールを何度も遠くに蹴って2人の間に距離をつくったり,Q君の無理な要求に押されたりと,㉜～㉞の(6)「分析・考察」にあるように「自信を失ってしまった」状況です。

このような状況にあったG君と発表者が教室への帰り道に言葉を交わしていきます。納得のいかないG君ですが,発表者は彼の孤独を感じつつ,〈みんなで決まり守って,楽しく過ごそうぜ〉と最後に声をかけます。同じ状況を味わった「仲間」という感覚でしょうか。G君は発表者との関係調節を経て,徐々に怒りを収めることができています。納得したとは言えそうにありませんが,発表者と同様に仲間感覚を共有しているようです。けっこう大人な対応で「ほんまやな」と笑顔を見せます。コフートの自己心理学では,こうし

た年齢を問わず他者との共通性を感じる体験を，双子自己対象体験と呼び，自己の成長に大切な体験のひとつとしています[16][18]。Q君にうまく対処できなかった2人ですが，何とかしようともがいた中で，お互いのあり方を知り，仲間と思える体験が生まれたと言えます。

　グループ省察会では(2)「グループ省察会の様子」で述べたように，発表者のQ君への対応のあり方に，他の参加者達の関心が向きました。小グループによるディスカッション後の発表を聞いていると，Q君に対して「こうすべきだった」という意見が多かったように思います。

　教師の世界では，この「～するべき」がよく用いられます。「ダメなことはダメ」と自傷・他害などの行動を止める際にこうした表現が使われるのはもっともですが，他の日常的な事柄にも教師達はかなり幅広く「～するべき」「～すべきでない」を使っています。これは教師の特性のようです。しかし，これが多用されてしまうと他人に対して偉そうですし，自分に向けては窮屈になります。「正しい」と思っての「べき論」ですが，言われた側は「正しくない」と否定されることになってしまいます。

　学校臨床力を高めるには，多様性や個別性に開かれている必要があります。正しい答えがひとつかどうかはわかりません。プロセスレコードを検討する際には，していることを否定する「べき論」で入るのではなく，発表者が「できることを精一杯している」ととらえるところからはじめたいものです。

2．小学校における実践2（H君）

(1)省察会で発表されたプロセスレコード

(1)エピソードタイトル（父親を求めて）			
校種（小学校）　学年（4）　性別（男子）			
(2)この場面を選んだ理由： 実習中に出会ったH君は，家庭の事情で母親と2人で暮らしており，家では常に母親を卑下する態度に出ている。そういった事情を知り，改めてH君とのかかわりをふり返ると，身体的接触（高い高いやおんぶ）や，こちらに視線を送ってくる頻度は，圧倒的に他の児童より多いと感じた。それはまるで私に父親と似たかかわりを求めているようにも見えた。こうした子にかかわる自分の言動のもたらす影響や適切性を改めて見直したいと考え，この場面を選択した。			
(3)子どもの言動 （発言「　」の他，行動・態度や表情なども記述する）	(4)私が感じたこと・考えたこと	(5)私の言動 （発言〈　〉の他，行動で示したことも記述する）	(6)分析・考察
①教室での休み時間。私が丸付けをしているところを，後ろからくっつくように，低いトーンで「なあ先生」。	②身体的接触は以前から多くあったため，普段なら気にならないが，担任の先生から話を聞いて以来，何かあったのかと注意深く構える。	③丸付けをやめ，H君の方をふり返り，顔を見る。〈おーどうしたん？〉。	顔を見合わせていない状態からの身体的接触であることからも，H君が自ら意図的にとった行為であり，最も彼の欲求と直結した行動であったのではないだろうか。
④少し離れる。（いつもの）少し引きつった笑顔で手に持っていた絵を見せ，私に差し出す。「これ，描いたからあげる」。		⑤絵を受け取って見ながら〈おー！　めっちゃ上手！　どうやって描いたん？　こんな良いやつ先生もらってもええの？〉。	「絵」という私の関心に近いものでかかわりを図ってくることからも，教師に，というより私自身にかかわろうとする意図がみられる。
	⑥はかのみんなは遊んだりしているけど，私に構ってもらおうとしてるのかな。私にどうしてほしいんだろう。すごく丁寧に線を引いている。きっとたくさん時間かけて描いたんだろうなあ。		

(3)子どもの言動	(4)私が感じたこと・考えたこと	(5)私の言動	(6)分析・考察
⑦声のトーンは依然低い。しかし表情は嬉しそう。笑顔になるのを隠そうとしながら「うん，おうちで描いてきた。また描くし，あげる」。	⑧そういえばこれまでも，喜びを大きく表に出そうとしないな。素直に喜ぼうとしないのはどうしてだろう。もっと褒められたいのだろうか。	⑨絵をじっくりと見ながら，〈でもほんまにうまいなあ，先生が4年生のころ，こんな描けへんかったよ〉。	ひきつった笑顔や，笑顔を隠す行為から自分の思いや感情を外に出すことに抵抗があると考えられる。その背景に肉親への習慣化した批判行為があるのだろうか。
⑩絵を見ている私を見て，なぜか表情が曇り出す。少し間があく。		⑪表情の変化に気づき，H君を見つめる。	
	⑫どうしたんだろう。もしかして，褒められたことが，嬉しくなかったのだろうか。そわそわするが，表情に出ないよう努めなければ。		
⑬もじもじと時間をかけて口を開く。「でも…あんなぁ…」。		⑭黙って見守る。	
	⑮何を言おうとしているのだろうと，そわそわしている。		
⑯もじもじしながら「でもこれ，写し絵やねん」。	⑰数秒，予想外の返答にきょとんとする。おそらく自分のオリジナルの絵ではないものを我が物顔で私に見せることに，負い目を感じていたんだろう。ここはそれ以上に，褒めてあげよう。	⑱絵を見直す。〈そうなんや！ でも，こんな綺麗な線引けるん，すごいなあ！〉。	自らのオリジナルではないことを，私に知られることにリスクを感じているところからも，人の気持ちに非常に敏感であることがわかる。
⑲驚いた顔で，こちらを見る。		⑳絵からH君に目線を移す。目が合う。〈ちゃんと指先コントロールしてないと，こんな綺	驚いた顔だったのは，批判されることを予期していたのではないかと考えられる。そこにはH君

(3)子どもの言動	(4)私が感じたこと・考えたこと	(5)私の言動	(6)分析・考察
	㉑褒められたことに,意外な顔をしているな。この子はおそらく,技術を褒めてもらいたくて私に絵を見せてくれたわけではないのだろうけど,本当に求めている言葉は何かわからないし,今は技術を褒めて,間接的に認めてあげることしかできないな。	麗な線は引けへんよ,ほんま,センスあるなあ。また描いてや,先生もっと見たいし〉。	自身が批判する習慣があることが起因しているのではないだろうか。しかし自らわざわざ批判されるリスクを負ってまで写し絵であることを伝えた意図は何だったのだろう。
㉒(いつもの)引きつった笑顔に戻る。声に張りが出る。「うん,ほんなら次はポケモン描いてくる」。	㉔ひとまず,笑顔になってくれてよかった。	㉓〈おー,楽しみにしてる〉。	

(7)私がこの場面から学んだこと:

　H君の家庭の事情を聞く前では,彼の言動ひとつに大きな意味や思いはないと感じていた。しかし改めてふり返ると,その言動には教師(もしくは父性をもった大人)である自分への大きな期待があったのではないかとも思える。ともなれば,それを理解していなかった私の何気ない一言を,彼はどのように受け取っていたのだろうか。また,その気持ちを理解したところで,ここに記録した私のかかわり方は果たして彼にどんな影響を及ぼしたのだろうか。少なくとも大人である私に何らかのメッセージを送ろうとし続けていたのは,間違いない。そのメッセージに私が応えることができていたかは,依然疑問である。

　一方で,彼の生育環境での習慣化した肉親への批判行為というものが,彼の発達に大きな影響を及ぼしているのではないかという分析を立てることができた。彼はクラスメートに対して「おまえなんなん!」や「うっざ!」といった非常に攻撃性の高い言葉を用いることが多く,たびたび人間関係でトラブルを起こしてしまうのである。このような言動の根底にあるものは,子どもが初めから持っているものではなく,外的要因によって形成されたものであるという見方も改めて持つことができた。

　また,ただただやんちゃで,いつも笑顔でかかわってくる子どもですら,壮絶な家庭環境を抱えている場合もあるということを,H君の他にも見ることができた。

　この省察において,私は何一つ適切性を高めるに至ってはいない。どれだけ自分が表面的にしか子どもを見ていないか,そしてほんの表面でしか子どもとかかわり切れていないことを,ただただ痛感するところであった。

(2)グループ省察会の様子

　省察会で発表者は，事前に担任から受けた情報にかなり影響を受けたことを語りました。H君にとっての「父親」の意味を重く受けとめていたと言えますし，彼に何かできればとの思いも強くなったようです。それゆえ，H君とのかかわり合いに不十分さを感じ，自分の至らなさを痛感しているようでした。

　当日の省察会では6つの小グループに分かれ，様々な意見が出されました。例えば，かかわり合いのプロセスとして，⑨で「発表者が自分の子ども時代に重ねて発言したことがH君の心に響いたのではないか」という意見や，「H君がよく見せるもじもじした態度は，父親との関係を反映しているようで，実際の父親と発表者の性格の類似性があるのではないか」という意見がありました。また，「H君は褒められることに慣れていないのではないか」という意見も出ました。他方で，発表者が背景を知って意識しすぎになっていることや，H君に対して褒めてばかりになっているという指摘があり，また「適切性を高めるに至っていない」と(7)「私がこの場面から学んだこと」にありますが，「適切性」とは何を意味しているかがよくわからない，という疑問も出されました。筆者（角田）もその場で発表を聞いていて，H君への対応がうまくいかなかったことを指しているようだが，堅い表現でピンときにくい印象をもちました。

　発表者はこうした意見や問いに誠実に答えていましたが，ふだんより受身的で，口数も少ないというのがその場の筆者の印象でした。

(3)省察会後の発表者のレポートから

①発表者としての感想

　プロセスレコードを作成している時点で，児童とのかかわりをふり返るたびに私は自分自身の力のなさに落胆し恥ずかしさを覚えていた。子どもの背景が見えているのにも関わらず動けなくなるというのは，やはり悔しい。さらにそれを多くの人の前で発表するのは，何とも言いがたい羞恥心があった。この自信のなさは，すでに文面にも現れていたのではないだろうか。実際にプロセスレコードを発表している最中は，まるでその場面が鮮明に繰り返されているようで，「なんとかこの場を収めなければ」という焦燥感で頭がいっぱいであった。

　発表を行う中で，第三者が「ここがよくない」「こうしたら解決していた」と発表者の問題言動を探し，改善策を提案するような発言は，この取り組みの主たるものではないと強く感じた。もちろん改善できるものを見つけ意見交流していくことも重要ではあるが，参加者が発表者の身になって追体験することを目的の1つにおくプロセスレコードにおいては，そのような発言は発表者と参加者の感じ方を乖離させるようにも思えた。

発表者側に立つとそれはとても顕著に感じることができる。「ここはこうでしょう」「それは思い込みではないか」といった発言はいっそう，焦燥感が煽られる一方で，省察というより，「ああ，なんでこうしたんだろう」の後悔の気持ちが大きくなっていった。

②参加者としての感想

自らの発表を終え，改めてプロセスレコードの目的を理解し，参加者の方へ回ると，参加者の発言内容と発表者の表情に関連性があることがわかる。参加者が批評する言葉を用いる時，発表者の表情はこわばり，今この場で思いつく改善策を述べるのみである。一方で参加者の共感的な意見に関しては発表者の表情は柔らかくなり，するすると言葉が紡がれ，より詳しい心情の変化や場面の様子が伝わってきた。発表者の視点に立ち，発表者の身になって追体験・疑似体験を行うことができ，確かな省察に参画できる姿勢は，後者であるのは明白ではないだろうか。

プロセスレコードに発表・参加し，改めて自らの言動の稚拙さに気づくこともあれば，気づけなかった自分の良さにも意識を向けることができた。まだ自らの無意識の領域は多いのだろうが，プロセスレコードの真の意図を改めて理解・活用し，自己省察力の向上を図っていきたいと考える。

(4) グループ省察会（小学校の実践例２）についてのコメント

(3)①「発表者としての感想」を見ると，グループ省察会の場で，発表者がどのような体験をしていたのかがよくわかります。うまくいかなかった実践を取り上げ，それをプロセスレコードにまとめて発表することは，発表者にとってナイーブな傷つきやすい状況であることが示されています。それだけに他の参加者の意識の持ち方がとても重要になります。

その場にいた筆者も，発表者がこのように内心傷つきながら発表していたとは思っていませんでした。発表者がH君に感じていたのと同じような申し訳ない思いを，このコメントを書きながら私も発表者に対して感じています。

わざわざこうしたことを述べたのは，発表者だけでなく，省察会の参加者やプロセスレコードの読み手に喚起される感情には，見えにくいかかわり合いを理解するヒントが含まれているからです[19]。

発表者のレポートにあるように，グループ省察会の参加者は，できる限りその立場に身を置いてみる必要があります。精神分析家のバーガー（Berger, D. M.）[20]は，カウンセラーがクライエントに共感する際のスタンスを「その場に居合わせる観察者（observer on the scene）」と表現しました。現実には，その場にいるように想像しやすい場合と，なかなか想像しにくい場合があります。つまり，想像がしやすい場合は，必要な素材がすでに

揃っていますが，想像が難しい場合は，まだ見えていない素材があると言えます。

　今回のグループ省察会は，想像することがやや難しかったようです。そこで，発表者のレポートを改めて中心に据えて考えてみると，正論で批判するのではなく，もっと追体験的に発表者が「思いをわかってほしい」と感じているというテーマが浮かびあがってきます。

　この「自分の思いをわかってほしい」は，グループ省察会の場で発表者が体験したことであるのと同時に，H君が父親や発表者に対して感じていたことかもしれません。このように類似した関係性は，連鎖的に拡がることがあります。少なくとも発表者は，H君が自分のことをわかってほしいと強く思っている，と感じたようです。だから，それに応えきれていないと発表者は感じ，申し訳なく思ったのでしょう。そうであるならば，グループ省察会の場で求められていたのは，参加者やスーパーヴァイザーから発表者への「H君はどんな気持ちだったと思いますか？」という問いかけであり，それを一緒に考えることだったのかもしれません。

　このように隠れた思いがありそうな場合にこそ，グループ省察会が発表者にとって安心して話せる場になることが必要です。発表者が，自分の至らなさを抱えているために身構えた様子なら，参加者も同じように固く構えてしまうのではなく，できるだけ柔軟に発表者と共にあろうとすることが肝要です。わかりにくいところがあるなら質問すればよいのですが，それは問い詰めるようにではなく，チャンスを拡げる姿勢や理解したいという姿勢を発表者が感じられるようにしたいところです。これは筆者自身の自戒でもあります。

　次に，プロセスレコードに描かれたかかわり合いについてコメントをします。発表者は，H君が見せにきた絵を丁寧に受けとめ，何とかこのやり取りを彼にとって意味あるものにしようと，一生懸命に良いところを見つけて褒めています。

　⑯でH君はもじもじしながら「写し絵」であると発表者に告白しますが，これは発表者との関係で「正直な・自然な（authentic）」自分でありたいという気持ちの表れと言えます。H君がこうした姿を見せたのは，先の小グループの意見にもありましたが，⑨で発表者が〈先生が4年生のころ〉と自己開示しながら同じ位置に立とうとしたことで，発表者のことを身近に彼が感じたからでしょう。H君がその場で自分に正直になりたいと思えたことは，とても意味深い瞬間と言えます。

　美術は発表者の専門分野であり，㉑で内省しているように，今の自分にできることは技術的な面を褒めるくらいしかないとふり返っています。しかし，専門性があるからこそ，H君の良さをより細やかな言葉で返せたのも事実で，この場面のかかわり合いとしては十分にH君に応答的であり，「適切」だったのではないでしょうか。

3．中学校における実践（I子さん）

(1)省察会で発表されたプロセスレコード

(1)エピソードタイトル（恥ずかしがり屋のI子さん）
　　　　　　　　　　　　　　　　　校種（中学校）　学年（3）　性別（女子）

(2)この場面を選んだ理由：
　実習で担当したクラスのI子さんとのやり取りについてまとめる。実習校では文化祭の取り組みを熱心に行っており，クラスごとの発表である合唱コンクールの練習をしていた。最終学年ということもあり優秀賞を目指していたがまだまとまりがなかった。そんな時私はI子さんの歌のうまさに気づいた。I子さんは小学校の時に合唱部に所属しており，歌うことが好きな子だが，消極的で恥ずかしがり屋な性格からクラス合唱の際には大きな声で歌うことができずにいた。クラス合唱をより良いものにしたいが，うまくそれを人に伝えることができないI子さんの姿が印象に残っているので対象をI子さんに選んだ。合唱練習の指導など未経験だった私が悩むI子さんにアドバイスをする場面があるが，上手にI子さんをサポートすることができたのか，またもっとI子さんの自信がつくような指導や声がけができたのではないかと考えている。このことからもこの場面を選んだ。

(3)子どもの言動（発言「　」の他，行動・態度や表情なども記述する）	(4)私が感じたこと・考えたこと	(5)私の言動（発言〈　〉の他，行動で示したことも記述する）	(6)分析・考察
①放課後の【パート練習】。I子さんは歌声は小さいが真面目に歌っている。	②合唱の歌い方ができているなぁ。合唱の経験があるのだろう。	③休憩中。〈歌聞いてたけどめっちゃうまいな，習ってたん？〉。	
④はにかみながら「小学校の時習っててん」。	⑤やっぱり習っていたんだ。さすが習っていた子は歌い方が違う。歌うことに自信を持っているのかもしれないな。	⑥〈やっぱりそうやったんや，合唱の歌い方ができててすごいなと思っててん〉。	普段は比較的大人しい性格で，あまり自己主張をしない生徒であったので，得意分野で力を発揮できたことを承認されたのは自信につながったのではないかと考える。
⑦「先生，みんなの歌い方が合唱っぽくないからあんまりまとまってないよな」。	⑧元気に歌うことと，合唱できれいに歌うことの違いにも気づいているのか。みんなに歌い方を指導してほしいな。思い切って提案し	⑨〈じゃあI子さん，みんなに歌い方のアドバイスしてあげてや！〉。	おそらく，合唱コンクールを良いものにしたいという思いはI子さんの中にあったからこそこのような言葉を私に投げかけてきたのだと思う。し

77

(3)子どもの言動	(4)私が感じたこと・考えたこと	(5)私の言動	(6)分析・考察
	よう。		かし，私の言葉がけはⅠ子さんの性格を考慮したものではなかったかもしれない。
⑩驚いた様子で「絶対無理！ そんなんできひんって！」。	⑪やっぱり恥ずかしいのかもしれない。でもせっかくの意見やのにもったいないからなんとか生かしたい。	⑫〈なんで無理っていってしまうんよー，もったいないやん〉。	おそらく無理だと言われるだろうと予想していた。驚いた様子から，アドバイスするというような目立ったことはあまりしたくないという意思が伝わってきたが，表情からは笑顔も見られていたのでその行為に対して嫌悪感を抱いているというような様子ではなかった。
⑬「うーん…」考えるようなそぶりを見せて，それ以上は何も言わなかった。	⑭無理にさせることではないし，自然とⅠ子さんの声で引っ張れるようになればいいな。Ⅰ子さんに自信をもって歌ってもらえるよう声をかけよう。	⑮〈いきなり言われてもなかなかできることじゃないよな，上手やったからついつい言ってもうたわ，ごめんね〉。	Ⅰ子さんが考えるようなそぶりを見せたことを，当初は私の「もったいない」という発言に対してどのように返答すればよいか困っていたからだと推測していたが，今改めて考えると，Ⅰ子さんはやってみようかどうか悩んでいたのかもしれない。
⑯再び【パート練習】に戻り，その後私に声をかけてきた。「先生さっきの合唱どうやった？」。	⑰驚いた。Ⅰ子さんから意見を聞いてくるんなて。意外とやる気を出しているのかもしれない。きちんと感想を伝えよう。	⑱〈そうやなぁ，声は出てたよ。でもさっきと同じところでみんなバラバラになってる気がしたよ。音程うまくとりにくいんちゃうかな？〉。	こちらから声をかけることはあってもⅠ子さんから合唱についての意見を求められたことに驚きながら，意欲的に取り組もうという姿勢が行動で見られたことはひとつの成長なのではないかと思う。

(3)子どもの言動	(4)私が感じたこと・考えたこと	(5)私の言動	(6)分析・考察
⑲「やっぱりそうやんな。そのへん結構難しいねん。これで合ってる？」と言い，少し口ずさむ。	⑳個人的に話しているときには恥ずかしがることはないんだな。ちゃんと歌おうと思っているみたいだし，少しずつでもいいからうまくなってほしい。	㉑〈そんな感じやで，あとはもう少しはっきり歌えるようになればいいんちゃうかな〉。	Ｉ子さんのことを最初に褒めたので少しずつ自信を持つようになっていたのだろう。自ら積極的に歌おうという姿勢がみられたことからも，合唱を成功させたいという気持ちが伝わってくる場面だった。
㉒「そっかぁ，ありがとう」。そう言って練習に戻っていった。	㉓少しでも力になれたならうれしい。焦りたくないけど誰かにアドバイスできるようになってくれたらいいのにな。	㉔〈はいはーい，頑張ってねー〉。	
㉕【全体練習】を再開したが全体的にまとまりがなく，元気だけが強調されるような歌い方に。私からクラス全体にアドバイスをする。Ｉ子さんもアドバイスをきいて努力している様子だが思うように歌えていないことに小さく首をかしげながら歌っていた。	㉖合唱と一口に言っても難しいなぁ。みんなもなんとなく一生懸命歌っているのにもったいない。Ｉ子さんも納得できていないのか，首をかしげているしアドバイスうまくいかなかったかな。	㉗他の生徒にも少し声をかけたり感想を伝えたりしたのち，Ｉ子さんのもとに寄り，〈どうやった？　わかりにくかった？〉。	このＩ子さんのしぐさは自分に納得がいかないのか，それとも全体合唱に対するものだったのかはわからないが，何かに引っ掛かりを感じていることがわかる。Ｉ子さん自身ももっと上手になれるのにという気持ちのあらわれであったのかもしれない。
㉘「アドバイスはわかるねんけどな，全然合ってないなぁって。隣とか特に」。	㉙隣の生徒のことが気になるようだ。怒っいというわけではないので，具体的に何が気になるのかそれとなく聞いてみよう。	㉚〈隣の了が気になるん？〉。	友達の歌声が気になっても直接それを指摘することにためらいを感じている。
㉛「だってメロディちゃうねんもん。こっちも変になるわー」。	㉜具体的にわかっているんだな。私も気づかない部分に気づいてるの	㉝〈ようわかってるやん！　それその子に言ってあげたりとかはし	性格の問題もあるが中学生にとって正面から指摘などをするのは難しい

(3)子どもの言動	(4)私が感じたこと・考えたこと	(5)私の言動	(6)分析・考察
	もすごい。ネガティブな方向にならずにアドバイスという形で本人に伝えられるようにならないか。	てみいひんの？〉。	ことなのかもしれない。うまく本人に伝えられるよう手助けを行うことが適切だったと今は考える。
㉞「うーん。一緒に歌ってみてやっぱり変やったら言ってみる」。	㉟今は無理なのか。無理に説得するわけにもいかないし、気にかけておくだけにとどめておこう。	㊱〈そっか、またなんかあったら言ってな。頑張ろう〉と言い他の生徒とのやり取りへ。	ここで何かひとつ違ったアプローチができればよかった。合唱がよくなるようにと考えてのＩ子さんの発言であったのにそれをうまく生かして指導することができなかった。踏み込んでいい部分とそうでない部分の区別がつきにくい。

(7)私がこの場面から学んだこと：
　この後のＩ子さんは隣の生徒よりも少し大きな声で歌うことでうまく自分の歌い方を保とうと努力していた。しかしその生徒にアドバイスなどをすることができなかった。私が代わりにその生徒に伝えることで合唱自体はよくなったものの，Ｉ子さん本人から伝えるきっかけをなくしてしまった。Ｉ子さんが合唱中に首をかしげたり，私にアドバイスを求める様子からは「合唱をよりよく歌いたい」という気持ちがとって見られる。そのことからも，Ｉ子さんにより自信を持たせて積極的にみんなに声をかけられるような支援をした方がよかったのかもしれない。合唱指導自体が初めての経験であり，担任がリーダーシップをとる部分と生徒が主体になる部分があることを理解はしていたが，どの点でその判断をするかが難しかった。生徒が少しでも前向きな姿勢を見せていれば，うまくその意欲を引き出していくことができ，Ｉ子さんだけでなくクラス全体に良い傾向を示すことができる。言葉かけや生徒がうまく行動に移すことができる支援の方法をさらに考えていかなければならない。

(2)グループ省察会の様子

　この省察会の小グループは4つあり，次のような意見が出されました。
　(a)Ｉ子の発言⑦「先生，みんなの歌い方が合唱っぽくないからあんまりまとまってないよな」に対して，教師が〈どういうところがそう思う？〉といった応答をするなら，Ｉ子自身がやり方を具体化して考えられたのではないか。
　(b)Ｉ子が学級全体に話せることが目標だが，まずは2,3人の小グループにして話し合う機会をつくってはどうか。
　(c)大人しいＩ子なので今は学級全体に話せなくても良いし，発表者のように自分達も，

まず教師としてⅠ子の代わりに学級にアドバイスを伝えようとすると思う。
　(d)他の生徒に積極的にかかわるのはまだ難しいが，この場面でⅠ子なりの成長が見える。Ⅰ子にとってどのような経験になっていたかを，尋ねてみると良いのではないか。
　いずれも発表者の立場を想像しながらディスカッションがなされており，Ⅰ子さんの理解は概ね共通しています。また，考えられそうな対応についての工夫，発表者の対応への肯定・共感が示され，発表者と共に考える省察会になっていたと筆者（角田）は感じました。

(3) 省察会後の発表者のレポートから

① プロセスレコード発表者としての感想

　実習中のわずか30分程度の時間での出来事をプロセスレコードとして記録しふり返ることで，生徒の表情や自分自身の感情を客観的に考察することができた。かかわり合いや感情をふり返り客観視するということを通して，より自分自身を知ること，また生徒との関係性を知ることができる。
　今回のプロセスレコード内の場面⑦のⅠ子の「合唱っぽくないからあんまりまとまってない」という発言に注目して，自分自身やⅠ子との関係性について知ることができた経緯について説明する。場面⑦の発言に対する自身の感情としては「みんなに共有したい」という思いが強く働いた。その結果みんなにアドバイスを要求する言葉がけになり，Ⅰ子に拒否されてしまった。Ⅰ子が活躍できる場を設けたいという気持ちや，合唱を成功させてあげたいという私の父性的な部分が，このような言葉がけにあらわれたのではないかと発表を通して考えた。また，参加者からⅠ子の発言に対して「もっと詳しくどこが合唱っぽくなかったかなど質問してもよかったのではないか」という意見をいただいた。このような質問を投げかけることで，生徒との関係を深めたり心をひもとくことができるからであると考えられる。このような視点は私ひとりでのふり返りでは発見できなかった。他者と場面を共有し，ともにその場面を思い浮かべながらふり返ることができたからこそ，新しい視点を得ることができたのだと私はこのプロセスレコードの発表を通して感じることができた。
　また，発表者だけでなく発表の場にいた全員が，この場面について考え，よりよい関係づくりについて考えていた。発表者として最初は自分の実践を公開することにためらいを感じたが，多くの視点や学びを得られた。プロセスレコードの発表を通して自分自身を客観視することで，普段のかかわりだけでは見えてこない自分自身についてや，生徒との関係性について，深めたり知ることができた。

② 参加者としての感想

　参加者としてプロセスレコードの発表をみて，発表者それぞれに児童生徒と向き合っ

ていることに気づくと同時に，それぞれの子どもに対する思いが強く言動に反映されていることに気づいた。発表者それぞれに警戒されないようにやさしく接する姿勢や，距離が近くなりすぎないようにする姿勢が見られ，丁寧な関係づくりを目指していることがうかがえた。自分とは異なる対応や関係づくりで子どもと向き合う様子を見ることができて，私自身の生徒とのかかわり方の幅を広げることができた。またプロセスレコードには発表者の子ども観や教育的な願いがよく反映されていて，発表者がなぜこのような言葉がけをしたのかがよくわかった。子どもの作品を無駄にしたくないという気持ちや，頑張りを大切にしてほしいという願いが，発表者の言葉がけに反映されていた。教師の言動もまたこのように願いや思いが込められたものが多いということに気づくことができた。

　また，発表者にとって良い省察になるよう心がけながら参加していたことにより「なぜこの子どもはこんな言動をとったのだろうか」といった探求の姿勢で臨むことができた。一人ひとり違う子どもをどのように理解しようとすればいいのか，といった実践を積んでいない私達がもつ共通の悩みを，このプロセスレコードの協議を通して解消に近づけることができた。なぜそのような言動をし，感じ方をするのかという個を見る姿勢で臨むことで，子どもにとっての理解者としての教師になることができるのだと私は考える。集団指導が中心である学校の中で，いかに子ども一人ひとりの個をみることができるかが教師としても実習生としても重要になるので，今回のプロセスレコードのようなふり返りをする機会や，それを他者と共有する機会を大切にしなければならない。

(4) グループ省察会（中学校の実践例）についてのコメント

　発表者は自分自身のその時々の心の動きをよくとらえています。⑦～⑫では，Ｉ子さんに対して考えを学級の皆に発言するよう，発表者は積極的にあと一押しをしています。こうした自分の対応を，発表者は「私の父性的な部分が，このような言葉がけにあらわれたのではないか」と(3)①「プロセスレコード発表者としての感想」でふり返っています。
　「父性と母性」は１章５節で述べましたが，子どもを育むためにどちらも必要な見方・かかわりです。父性と母性は，個人の性格としてもとらえられるので，自分はどちらが表に出やすいかを自覚することは，学校臨床力を磨いていく第一歩になります。父性が優位な人は，母性が隠れがちになってうまく働かなかったり，時に母性を切り捨てたくなるかもしれません。しかし，この発表者は，とても細やかにＩ子さんの状態を観察し想像しています。つまり，母性的な配慮もしながらかかわろうとしており，⑮では無理強いをせずに引いています。父性的ではありますが，母性的な裏打ちがなされた対応と言えます。
　発表者から背中を押されて，実際に学級全体に自分の考えを表現するには至りませんでしたが，Ｉ子さんは自分の感じ方・行動に自信を持ちはじめ，⑯では「さっきはどうやっ

た?」と確認を求めてきます。とても積極的ですし,発表者が相手なら自分を出せるようです。発表者とのかかわり合いは,Ⅰ子さんにやる気を生んでいます。これは,彼女の自己を育む鏡映的な自己対象として,発表者が機能しているということです[18]。

次に,グループ省察会に目を向けてみましょう。省察会の目的がメンバーにしっかり共有されていると,参加者にもプロセスレコードをどのように受けとめ,何のためにディスカッションをするかが定まります。(2)の小グループの意見を見ると,いずれも発表者に対して支持的な姿勢であるのがわかります。その上で自分達ならどうするかを考えています。

(3)①「プロセスレコード発表者としての感想」に「他者と場面を共有し,ともにその場面を思い浮かべながらふり返ることができたからこそ,新しい視点を得ることができた」とあるように,メンバー個々の違いはありつつも,方向性を一致させてグループ省察会の場に臨むことで,自分が思いつかなかった対応が,新鮮な視点の拡がりとして発表者に受けとめられることが示されています。発表者が安心して話せる場とは,こうしたメンバーシップによって生まれ,その器の中でこそ省察が深まっていくと言えます。

7章

幼稚園現場でプロセスレコードを活用して

この章では、幼稚園現場でプロセスレコードを活用している教師による実践2例と考察を紹介します（1〜3節）。最後の4節に筆者（角田）のコメントを付します。

1．幼稚園教師による報告

　私は幼稚園で支援の必要な子どもに個別にかかわる加配教員として勤めており、日々かかわった子ども達の記録をつけています。その際、記録者の感情は主観的なものであり客観性に欠けるため、記述しないことが一般的と言われ、そのように記録をつけていました。

　同じような場面で同じ子どもに同じ対応をしたとしても、その時にかかわる保育者がその時の子どもをどう見立てどう思っているかによって、子どもの反応は変わると考えます。したがって、言われたやり方では何かが欠けた記録のように思われました。

　そのような時に、対象児についてのみ記述するのではなく、かかわり手である保育者の内面や言動についても記述する「プロセスレコード」を用いて記録を付ける機会を得ました。このプロセスレコードは保育者と子どもとのかかわり合いのエピソードを記述したものであり、自己省察や事例研究において有効とされています。実際に2カ月間日々の記録にプロセスレコードを用いた結果、容易に記録できるという点と、記憶しておきたい内容を全て記録できるという点から、日々の記録に適していると考えます。以下に報告するJ君とK君は、私が同時期に担当した園児達で、別々のプロセスレコードに分けてまとめたものです。

2．プロセスレコードを用いた実践2例

幼稚園における実践1（J君）

(1)エピソードタイトル（牛乳パックの約束） 　　　　　　　　　　　　　　　校種（幼稚園）　学年（年長）　性別（男子）
(2)この場面を選んだ理由： 　J君は音楽会の練習など、一度参加して様子がわかると日々の練習には参加しないことが多かった。しかしJ君を追って他の子も出てしまうため、私がJ君を参加させることにこだわっていた。その気持ちのずれと、最後までJ君の気持ちに寄り添えなかったために失敗したことに気づいたことからこの場面を選んだ。

(3)子どもの言動 (発言「　」の他，行動・態度や表情なども記述する)	(4)私が感じたこと・考えたこと	(5)私の言動 (発言〈　〉の他，行動で示したことも記述する)	(6)分析・考察
①クラスの子達が音楽会の練習をするため遊戯室へ移動する時，J君はK君と一緒に中庭に出る。	②今日は練習をしたくないのだろうなと思い，どのように誘おうか迷う。	③J君とK君と一緒に中庭に残る。少し距離をとって様子を見る。	音楽会の練習も回を重ねると，参加したがらなくなっていた。私を見て逃げていくというのは，私が強引に練習に誘いすぎていたのだろうと気づく。
④私の様子をうかがって，K君を誘うように「K君」と言って，園庭の方へ行こうとする。	⑤私に遊戯室へ入るように言われると思って，私から離れようとしている。園庭へ出るよりは練習の音が聞こえる中庭にいてほしい。	⑥落ちている牛乳パックを指して，楽しそうに〈J君，K君，何か落ちているよ〉と声をかける。	
⑦「なになに」と興味を示して戻ってくる。園庭へ行きたがっているK君の誘いにも乗らない。	⑧興味を示してくれて嬉しい。今日は中庭にいて練習の音を聞くことを目標にしよう。	⑨〈お水があるよ〉とバケツに入った水を渡す。私も2人と一緒に遊ぶつもりで見守る。	私が音楽会の練習に誘うのではなく，一緒に遊ぼうとしたので，J君も私に心を開いて戻ってきてくれたのだろう。そこで私も遊戯室での参加にこだわらず，練習の音を聞くという経験でもよいと思えた。
⑩牛乳パックに水を注いで，K君と飲み合うまねをして遊びはじめる。「K君，どうぞ」。	⑪園庭へは行かず，音も聞きながら，遊ぶ相手もいるので，これでもよかったかなと思う。このまま中庭にいてほしい。	⑫〈先生にもちょうだい。おいしい〉と言いながら，聞こえてくる歌も口ずさむ。	
⑬水と土を入れた牛乳パックの口を手で閉じて振り，私に「テープがほしい」と言う。	⑭そろそろクラスの子達が，中庭を通って保育室へ戻るので，テープをクラスへ戻るきっかけにしたい。	⑮〈牛乳パックの口を止めたいんやな〉と言い，〈この後クラスに戻ってお手紙をもらったら，みんなで外に遊びに行くから，その時にテープをあげるから	

(3)子どもの言動	(4)私が感じたこと・考えたこと	(5)私の言動	(6)分析・考察
		止めようね〉と言う。	
⑯「うん」と言って牛乳パックを置き、遊戯室から戻る子達と一緒に保育室に戻る。	⑰少し難しいかと思ったが、納得して戻ってくれてほっとする。	⑱〈我慢できて、えらいね〉と褒める。一緒に保育室へ行く。	
⑲保育室から中庭へ行こうとして、廊下にいた先生に戻るように言われ、私のところに「先生、牛乳パックあかんって言われたー」と困った顔で来る。	⑳別の子の対応をしていたので、今J君の対応にあまり時間をとられたくないと思い焦る。	㉑廊下にいた先生の話を簡単に聞いて、J君に〈牛乳パックを部屋に持ってこようとしたんか。それは、あかんわ〉と答える。	J君がせっかく私との約束を信じてクラスに戻ってくれたのに、私はそれで安心してしまい、それ以上J君の気持ちに思いを巡らせることができなかった。手紙が配られるまではまだ時間があり、何もせずに待つことは難しかったのだろう。約束を果たすまでは、しっかりJ君の話を聞いて寄り添うべきであった。
㉒ぷいっと怒って失望したように、1人で保育室から出ていき、そのまま園庭へ出てしまう。	㉓せっかくテープの約束をしてクラスに入っていたのに、台無しにしてしまった。	㉔もう一度廊下でのやり取りを先生から詳しく聞き、J君を迎えに行って〈牛乳パックを見に行きたかったんか〉と聞く。	
㉕「うん」と言って、うつむく。	㉖J君は私を信じてくれてたのに、私はJ君を信じていなかった。	㉗〈持ってこようとしてたんちゃうんやな。ごめんな〉と言う。	

(7)私がこの場面から学んだこと：
　J君はクラス活動から出ていくことが多かった。出ていく子達の中ではリーダー性があり、J君が活動に入ると他の子達も入れることが多かった。この場面の前半では、私がJ君の活動参加にこだわるあまり、気持ちに寄り添えていなかったことに気づいた。後半では、せっかくJ君との約束が成立したのに最後まで寄り添うことができず、次へつなげることができなかった。ふり返ることで、その状況ではJ君がまた中庭に牛乳パックを見に行くことは予想できたとわかる。J君を信じていればJ君の気持ちも聞いてあげられたはずである。その積み重ねが、J君をクラス活動へ戻すことになるので、私は一つひとつ最後まで丁寧に見届けて褒めることが大切だと学んだ。

幼稚園における実践2（K君）

(1)エピソードタイトル（みんなと遊びたいの）

校種（幼稚園）　学年（年長）　性別（男子）

(2)この場面を選んだ理由：
　劇の練習が続いて，K君や他の子にとっても不安な時間が増えていた。特に遊戯室に場所を移しての活動にK君は入りにくかった。加配として1人であっても少しでも活動の場を共有させたいと思い焦っていた。その時K君の発言が私に，劇に参加することよりも友達と楽しい時間を共有して安心することの方が大事だと教えてくれた。私が加配としてどうすべきかを考えて動くあまり，子どもの気持ちからずれていたことに気づいた場面であった。

(3)子どもの言動 （発言「　」の他，行動・態度や表情なども記述する）	(4)私が感じたこと・考えたこと	(5)私の言動 （発言〈　〉の他，行動で示したことも記述する）	(6)分析・考察
①遊戯室で劇の練習をするため，みんなが保育室を出ていく中で，K君はR君をかばうようにして保育室の奥に行き，私の様子をうかがっている。	②R君を私に連れていかれないようにしている。一緒に残って遊びたいのだろう。R君を誘ったらK君も来るだろうか。	③2人に〈劇をしに行こう〉と言い，R君に〈J君ももう行ったよ〉と手招きする。R君は遊戯室へ行く。	K君にとって劇を練習する時間は，何をしているのかわかりにくく不安な時間だった。いつもは1人になると慌てて友達についていくK君が，それをせず私に怒って泣くほど劇への不安が強くなっていたのだろう。それを感じて，私も劇に誘うことに迷いを感じる。
④「も～，ばか～，きらい」と言って私を叩き，泣いて怒る。	⑤K君は劇の練習に行きたくないのだから，友達を連れて行く私に怒るのも無理ない。	⑥K君に〈先生と遊ぼう〉と言う。	
⑦「1人はいや，みんなと遊びたいの」と，泣いて怒りながら言う。	⑧先生と遊びたいのではなく，友達と遊びたいと言えたことに成長を感じる。加配としては遊戯室へ誘うべきだが，K君の気持ちもわかるので迷う。	⑨K君を抱き寄せて，〈K君はみんなと遊びたいんやな〉と言う。	
⑩すぐに遊戯室から戻ってきたR君とJ君を見て，K君の表情がぱっと明るくなる。	⑪R君とJ君が活動に入れなかったことを残念に思うが，同時にK君の嬉しさも伝わってくる。	⑫思わずK君に〈K君，よかったね〉と笑顔で言う。	加配としては，R君とJ君がクラス活動から抜けて戻ってきたことは残念で，また活動へ戻すべきことだった。しかし，せっかく喜んだK君の顔を曇らせたくなかった。

(3)子どもの言動	(4)私が感じたこと・考えたこと	(5)私の言動	(6)分析・考察
⑬R君とJ君と3人で保育室に集まる。何か遊ぶことを探している様子。	⑭3人とも遊戯室の活動へ誘うのが本来だが,友達と遊びたいというK君の気持ちを大事にしたいとも思う。	⑮3人に〈お絵かきする?〉と聞いて,紙などを用意する。	
⑯3人でお絵かきをする。R君が『先生が給食を入れているところ』と私の絵をかいて渡してくれたことから,K君もJ君も私の絵をかいて渡してくれる。「先生が野菜を食べているところだよ」。	⑰劇の活動には入れなかったが,穏やかに楽しく友達と過ごす時間はK君にとって大事に思えた。それをクラス活動の中でもできるようにするべきだが,できていないという焦りと迷いもある。	⑱〈先生が野菜を食べているところをかいてくれたんやね〉とそのつどお礼を言って,3人から絵をもらう。劇の終わりそうな時間になると,〈先生,嬉しいから,みんなの歌も聞きたいな〉と言う。	⑫でK君の気持ちに寄り添えたことで,〈よかったね〉の言葉が心から出たように思う。その気持ちが子ども達にも伝わって,私の絵をかいてくれたのかもしれない。
⑲J君が『うん,いいよ』と言って遊戯室へ行こうとする。K君とR君もJ君の後について遊戯室へ向かう。「いくよ」。	⑳3人をどうしても遊戯室へ戻したいとまでは思わなかったが,私の一言で向かってくれたことに驚き,また嬉しい。	㉑3人の後を追って遊戯室へ向かう。〈ありがとう〉。	これでいいのかという迷いから出た言葉だったが,十分に受け入れられた後で,穏やかな時間を共有した友達となら,無理なく劇に参加することができた。一番初めに,R君にK君も連れていってもらうように頼めばよかったかもしれないとふり返る。
㉒遊戯室で,最後の歌がはじまるところにK君も入り,他の子と手をつないで立つ。	㉓劇の最後の場面である歌だけでも参加できてよかった。	㉔遊戯室の入口から見守り,終わると〈上手にできていたよ〉と褒める。	

(7)私がこの場面から学んだこと:
　K君は大人と遊ぶ段階から,友達と遊びたいという段階に入っていた。1人になると寂しくて友達のところへ行くことから,私はまずK君以外の子を集団活動に誘っていた。そのため,K君にとって私は友達を奪っていく人になっていた。K君が泣きながら「1人はいや,みんなと遊びたいの」と言ったことで,私はK君が思いを言葉にできたことの嬉しさと,せっかく言えたことを大事にしたいとの思いから,迷いながらも3人に寄り添うことができた。その結果,K君は友達と劇の最後の場面に,前向きに参加することができた。1人になって寂しいからではなく,友達と一緒に楽しい時間を過ごせるからクラス活動に参加すると感じさせることが大事であると気づいた。

3．幼稚園教師による考察

　プロセスレコードを用いた記録では，自分が何を思ってどうしたかを記述するため，自分について思い返すことが必要となります。それによって，自分が，本心と立場上すべきこととのあいだで迷って，子どもの気持ちに寄り添えていなかったことに気づくことができます。そのため毎日プロセスレコードを用いて記録することは，日々自分の意識や言動を改善していくことにつながると考えます。

　またプロセスレコードは，その日気になったエピソードを物語のように時間の流れに沿って記述するので，短時間で容易に記録することができます。自分の言動や思いも含めて記述できるため，記憶しておきたいことを全て記録に残すことができます。よって，プロセスレコードを用いた記録は，日々の記録に適していると言えます。

4．「幼稚園現場でプロセスレコードを活用して」へのコメント

　この章では，幼稚園現場で勤務する加配教員が，その実践を記録するためにどのようにプロセスレコードを用いているかその実例が示されています。

　加配教員とは，個別の支援を必要とする園児にかかわる立場で，本章の2例の子ども達は，いずれも集団活動に馴染みにくい園児です。個別と言っても，報告者は複数の園児にかかわる状況であり，1対1になったり小グループになったりとかなり柔軟な対応が求められています。

　一つひとつの場面で，報告者は園児の様子を細やかにとらえ，その内面を想像しながら，幼稚園生活の枠組みの中で今何ができるかを模索しています。集団への適応も視野に入れ，迷ったり焦ったりしながら，試行錯誤する現場の感覚が伝わります。

　まず実践1で報告者は，④のJ君の態度から，音楽会の練習にこれまで自分が誘いすぎて，彼が嫌がっていることを理解します。それゆえ無理に行かせるのではなく，今できるのは⑧「中庭にいて練習の音を聞くこと」であると，報告者は臨機応変に目標設定をしています。

　牛乳パックを使った遊びを介して，その後の保育室の活動へとつなげることができ，ここまでの関係調節はスムースに展開します。しかし，報告者が他児とかかわっている間に，J君は保育室で担任に牛乳パック遊びの続きを止められたようです。報告者は担任に理由を「簡単に」聞いて対応しますが，J君の思いと行き違いが生じます。報告者はJ君の不満げな様子を受けて，行き違いの理由を明らかにしようと，今度は担任に状況を「詳しく」聞きます。そして，㉔〜㉗で関係の修復を試みます。たしかに，一度損なわれた信

頼関係を取り戻すのは容易ではありません。

自己を育む他者との関係が損なわれると，年齢にかかわらず人は激しく怒ります。コフートの自己心理学では，こうした信頼関係に亀裂が入ることを「関係の断絶」と呼びます。そして，この「断絶」をどう「修復」できるかが，治療的に最も重要な局面ととらえます[21]。J君との間でもこうした「断絶－修復」プロセスが展開しています。

今回のやり取りで「修復」に大切な要素としては，(a)報告者がJ君の思いを知ろうと「詳しく」情報を集めてJ君の思いを想像し，それを言葉にして伝えたこと，(b)報告者が，J君の思いを汲めなかったことを正直に謝ったこと，の2つがあげられます。この時だけで修復できたかはわかりませんが，損なわれた関係は取り戻せるという「希望」をJ君は持てたのではないでしょうか。

次に実践2に移ります。K君は他児と一緒に行動することが増えています。報告者が他児を先に部屋から送り出すと，K君は友達と遊びたかったと報告者に泣いて怒ります。先の「断絶」の要素もありますが，報告者はこれまでの経緯を踏まえて，彼が健全な自己主張ができるようになったと受けとめています。

偶然そこにR君と実践1に登場したJ君が戻ってきます。K君はそれを見てとても喜びます。思わず報告者も，⑫〈K君，よかったね〉と笑顔で言います。集団適応のための加配教員という立場からすれば，離脱園児が増えて悩みどころですが，K君の思いに共感していたので，思わず喜びの言葉が出たのでしょう。K君の思いに加えて，戻ってきた2人を受け入れる意味も込めて，絵を描こうと報告者は提案します。実践1と同様に，ここでも柔軟な目標設定がなされています。

⑰で「穏やかに楽しく友達と過ごす時間はK君にとって大事」とあるように，報告者と3人の園児達の間で関係調節がなされていきます。K君をはじめ子ども達は，報告者の絵を描き，それを報告者にプレゼントしています。子ども達の喜びと感謝の表現でしょう。

そのうち報告者は，劇の練習が終わる頃合いであると気づきます。かかわり合いの中だからこそ，練習に「行きなさい・行きましょう」ではなくて，⑱〈先生，(絵をもらって)嬉しいから，みんなの歌も聞きたいな〉と話しました。するとリーダー格のJ君が「うん，いいよ」と遊戯室に向かい，K君達もつづきます。報告者は予想外の行動に驚かされます。

子どもとは，自分が「好きな人」を喜ばせようと思うものです。今回はそれが動機で集団活動に加わることができました。好きな人がその姿を見て喜んでくれれば，子ども達も嬉しくなります。一生懸命に取り組み，短い時間かもしれませんが，仲間との活動の楽しさも体験できたことでしょう。「嫌なことであっても我慢してやれる」のは確かに美徳ですが，それだけでは表面だけの集団適応になってしまいます。集団の中で共に生きる喜びを体験することは，個性と社会性の両面の発達に欠かせません。

(7)「私がこの場面から学んだこと」の最後で報告者が書いているように，「友達と一緒

に楽しい時間を過ごせるからクラス活動に参加する」という気づきは，幼稚園に限らず学校という集団生活の根本になると思います。今回の実践例では「友達」だけでなく，その背景に「好きな先生」がいることは，皆さんにもおわかりのことと思います。

8章

学部生の教職科目：
ロールプレイを
プロセスレコードで自己省察する

この章では，大学の学部で行っている「教職科目」の授業を取りあげます。まだ，学校現場の経験がほとんどない学生達が，ロールプレイで子ども役と教師役になり，学校臨床で想定されるかかわり合いを体験しながら学びます。
　この授業は「教育相談」がテーマで，カウンセラーモード（4章3節のコメント参照）の基礎を身につけ，少しでも実践に役立つ力を培うことが目的です。ここで紹介する授業は，全15回の中の9回目で，ロールプレイとしては3回目にあたります。学生達もロールプレイに慣れてきた頃です。授業の進め方の後に，3名の学生のプロセスレコードを紹介します。これまでの章と同じように，各々のプロセスレコードの後に，筆者（角田）のコメントを付けていますので，参考にして下さい。

1．授業の進め方

　この前の回（8回目）の授業では，「不登校」についての講義をしています。不登校に子どもが至る様々な状況や要因（分離不安，過剰適応，いじめ被害，自立と依存の葛藤，発達障害など）があり，不登校の子どもはどんな思いでいるのかを，学生達は想像し考えることになりました。また，教師や学校の対応についても学び，自分達が教師であるならどのような工夫ができそうかを，学生達は個々にあるいはグループで話し合って考えました。こうした内容が前提になった今回のロールプレイです。
　状況設定としては，中学校1年生の夏休み後から不登校になった生徒がいます。その後1カ月ほどたった10月に保護者から，担任が家庭訪問するなら直接会ってもよいと生徒が言っていると連絡がありました。場面は生徒の自室です。学生にとっては，教師役をして，子どもと実際にかかわるのはどういうことかを体験する機会になります。また，生徒役を通して，子どもがどんな思いを抱くのかを体験できるので，児童生徒理解を深める機会にもなります。
　そして，ロールプレイを行った後で，プロセスレコードを用いて自己省察をします。これまでに行った2回のロールプレイで，すでに学生達はプロセスレコードの作成経験があります。なお，授業用のプロセスレコードでは，2章で示したこれまでのフォーマットのうち，(1)エピソードタイトルと，(2)この場面を選んだ理由は省かれています。
　授業の流れとしては，次ページに示した用紙を使って，個々の学生が不登校の生徒の気持ちをイメージしていきます。前回の授業で学んだ不登校につながる状況や要因をふり返りながら，①不登校のタイプを想定します。そして，②生徒自身の性格を具体的に考え，学校に行きにくい・行けなくなった生徒の「心境」を想像して「役作り」をします。また，③家族構成や家族各々が不登校についてどう思っているのか，家族成員の性格も考えます。最後に，④生徒本人が今どうしてほしいと思っているかを考えます。

```
①不登校のタイプ（                              ）

②自分の性格（                                  ）

③家族（誰がいる設定か）の性格・生徒本人をどう見ているか
      父（       ）母（       ）兄弟姉妹（       ）

④今どうしてほしいと思っているか
      （                                        ）
```

図5　ロールプレイの役作り用紙

　ペアに分かれた後，ペアごとに生徒・教師役の順番を決めます。ロールプレイをはじめる前に，生徒役から，②生徒の性格と③家族構成のみを教師役に伝えます。①と④については，教師役は事前にわかりません。ロールプレイは5分間で，決して長くはありませんが，担任としては久しぶりに会えて，直接話ができる貴重な場面です。たった5分間で問題解決はできませんが，どうこれからにつなげていくか，教師役の学生はその場で自分の感性をフル稼働させて，実践知に近いものを何とか生み出していくことになります。前半の5分間が終われば，ペアでふり返りの話し合いをします。それから役割を交代して，後半のロールプレイを行います。

　後半のふり返りが終わった後で，各自が教師役をした時のロールプレイについて，プロセスレコードを作成し，自己省察を行います。個人差はありますが，およそ15分あると，その場でプロセスレコードの作成はできるようです。次に3名の学生達が書いたプロセスレコードを紹介します。

2. ロールプレイの実践例1

(1) 授業でまとめたプロセスレコード

(1)子どもの言動 (発言「 」の他,行動・態度や表情なども記述する)	(2)私が感じたこと・考えたこと	(3)私の言動 (発言〈 〉の他,行動で示したことも記述する)	(4)分析・考察
①話しはじめから下を向いていた。	②とりあえず,声を聞こう。	③〈久しぶり。調子はどう?〉。	静かで内気な性格だと聞いていた。
④「ああ,まあ,ふつうです」。	⑤あまり話したくなさそうだな。ちょっとすぐに聞くのはやめよう。	⑥〈最近は何して過ごしてたの?〉。	思春期であることが態度から伝わってくる。
⑦「まあ,ゲームとか」。		⑧〈ずっと家にいて暇じゃない?〉。	
⑨「学校にいるよりは家にいる方が落ち着くので」。	⑩学校って言葉を自分から出した。広げてみよう	⑪〈学校は落ち着かない?〉。	学校という言葉を出しており,学校について触れられたくないわけではないのでは? 話したい気持ちもありそう。
⑫「はい」。		⑬〈何かあったの?〉。	
⑭「はい」。嫌がらせを受けていたことを告白。		⑮〈気づいてあげられなくてごめんね〉。	
⑯「学校へ行ってもみんなから笑われるので行きたくないです」。	⑰教室に行くのが嫌そう。違う提案をしてみよう。	⑱〈『学びの広場』に行くのはどうだろう? そこなら落ち着いて勉強を学べるよ〉。	心の教室(校内の別室)というイメージで言った。本人は「1人で学ぶ」ととらえていた。本人としては1人で学ぶのではなく,この学校以外の新しい友達と学びたかったようだ。

(5)私がこの場面から学んだこと：
　見た目は心を閉ざしている素振りでも，意外と話をしたいと思っているのではないかと考えた。嫌そうなら話題を変えて，そうでなければ少しずつ話を広げることが大事だと感じた。家庭訪問をしている時点で，子ども側も家庭訪問の趣旨はわかっていると思うから，あまり遠回しにする必要もないのかなと感じた。

(2)授業でまとめたプロセスレコードについてのコメント

　教師役の学生は，生徒役の性格や中学校１年生という年代を考慮しながら，手探りで話を進めています。当初は不登校について話そうと思っていたようですが，いきなりその話題に入るのは生徒の心を閉じてしまいそうなので，生徒役に歩調を合わせて話を聴いています。

　⑨で生徒役から「学校」という言葉が出たので，学校についての話題もできそうだと判断して，教師役から学校で何かあったのかを問います。相手の言語面・非言語面の両方に注意を払いながら，丁寧に話を進めていると言えます。

　生徒役からいじめに通じる内容が語られます。それを聞いて，教師役はおそらく実感したとおりに⑮〈気づいてあげられなくてごめんね〉と話します。教師役が率直に実感に基づいてその場にいることは，１章９節で述べた「自己一致（self-congruence）」や「本気さ・自然さ（authenticity）」にかかわることで，２人の関係調節が前進していく上で欠かせない要素と言えます。

　⑰で最後に教師役は校内の別室（心の教室）への登校を思いつき，生徒役に提案しています。後の(4)「分析・考察」を見ると，生徒役にとって別室は１人ぼっちになるイメージだったようです。このあたりについてやり取りする時間はなかったようですが，今後につながるかかわり合いは行えたと言えるでしょう。

3. ロールプレイの実践例2

(1)授業でまとめたプロセスレコード

(1)子どもの言動 (発言「 」の他，行動・態度や表情なども記述する)	(2)私が感じたこと・考えたこと	(3)私の言動 (発言〈 〉の他，行動で示したことも記述する)	(4)分析・考察
②「はい，元気です」。顔が少しこわばる。	③距離とられてるなあ…。少しずつ話せたらいいな。	①〈元気してた？〉。 ④〈夏休みは何してたん？〉。笑顔で。	久々に会って，担任と生徒とはいえお互いが探り合っていた。
⑤「昆虫とってた…」。小さめの声で。		⑥〈クラスの子と？〉。	
⑦首を振る。	⑧何かあったんかな，夏休み前に。	⑨〈クラスの子と何かあった？〉。	時期的に夏休みより以前は友人と仲良くしていたので，休みに入る直前に何かあったのだと考えられる。
⑩「でも，先生言うやろ，みんなに」。	⑪直球すぎるかな。	⑫〈いや今この部屋にいるのは2人やし，言わないよ〉。	
⑬「ん，…。まあたまに集合時間とかウソつかれたりしてた…」。下を向いて。 ⑯「うん」。	⑭いじめ…？ 話しはじめてくれて安心。	⑮〈そうやったんかあ悲しかったなぁ〉。	核になる質問をする前に少し別の話をして距離が縮まったので，ボソッと抱えていた悩みが出てきた気がした。しかし，急に何かあったか聞くのは危ないとも考えられる。

(5)私がこの場面から学んだこと：
　生徒は本当は放っておいてほしかったらしく，ずばずば質問したことを反省しました。少し心を開いてくれたと感じても急に距離を詰めたり，深い質問をするのは危険だと思いました。比較的にスローテンポで会話をしたので，そこは良い点かなと話していて感じました。

(2)授業でまとめたプロセスレコードについてのコメント

　教師役は，②の生徒役の言葉と表情のズレを受け取りながら，お互いが手探りになっていたとふり返っています。関係が緊張していますので，教師役が「夏休み」について質問したのは，間をあける効果もありますし，2学期あけに起こった不登校の背景を知る上でも，よい問いかけだったと言えます。

　小学生の雰囲気を残した生徒のようで，⑤で「虫取り」の話題が出てきました。教師役はここでクラスの友達と行ったのかと尋ねます。「学校」と結びつけるのは，やや唐突だったかもしれません。「虫取りは誰かと行ったの？」くらいが適当でしょうか。

　生徒役は無言でそれを否定します。ポイントになるところが浮かび上がってきたようです。教師役は，クラスの友達関係に問題があると思い，さらに問いかけますが，生徒役は⑩「でも，先生言うやろ，みんなに」とはっきり警戒感を述べます。それを聞いた教師役は，自分の問いかけが「直球すぎるかな」とその場でふり返りつつ，2人だけの秘密であることを生徒役にきちんと伝えています。

　人間関係で問題を抱えていれば，誰しも他人に対して「この人は信頼できるのか」と警戒感を持って当然です。相談場面とは信頼が試される場と言え，「秘密を守る」ことを相手に伝えるのはとても大事なことです。

　教師役の言葉を聞いて，生徒役は学級内の人間関係のトラブルについて語り出します。教師役は，信頼を得られた安心感を抱くとともに，生徒役のつらさに共感し，⑮〈そうやったんかあ悲しかったなぁ〉と応答します。生徒役も，自分の思いをしっかりと受けとめられた体験になったようで，初めの緊張した状態から関係調節がうまくなされるかかわり合いへと進んでいったことが示されています。

4．ロールプレイの実践例３

(1)授業でまとめたプロセスレコード

(1)子どもの言動 （発言「　」の他，行動・態度や表情なども記述する）	(2)私が感じたこと 考えたこと	(3)私の言動 （発言〈　〉の他，行動で示したことも記述する）	(4)分析・考察
		①〈久しぶりやな。元気にしてた？〉。	
②「うん」。別にめちゃめちゃ暗いわけではない。	③思ってたよりも元気だな。	④（少しやり取りをした後）〈夏休みは友達とかと遊ばんかったん？〉。	ここで，友達関係について遠回しに聞けるかと思った。そんなに深刻そうではなかったので…。
⑤「うん，連絡手段もないし，お父さんもお母さんも仕事やから」。少し表情が暗くなる。		⑥〈そっか。お母さん達っていつも何時ごろ帰ってきはるん？　夜ご飯はどうしてんの？〉。	
⑦「いつも寝た後。お金だけ置いてあって自分で何か買って食べてる」。	⑧寂しさを抱えているのに誰にも話せていないんだな。	⑨〈それは大変やな。家におっても寂しいし，学校のみんなも待ってるし，いつでもおいでや〉。	みんな待っているという言葉で彼女の存在価値を感じさせてあげられたと思う。
⑩「うん，ありがとう」。	⑪別に学校に行きたくないわけじゃないのか？	⑫〈今日もまたこれからお母さん出かけはるんやろ？　よし，マック食べにいこか！〉。	共働きの親で，寂しい思いをしている。今日の夜くらいは寂しさを紛らわせてあげたいし，ご飯を食べながら話を聞いてあげよう。
⑬「マックとかは久しく食べてないなあ」。	⑭拒否されなかった！マックで話を聞いてあげよう。	⑮〈よし。いこ！〉。	

(5)私がこの場面から学んだこと：
　私が思っていたよりも，生徒の表情は明るかったけど，問題があるには違いなかったので，それを探るべく，少しずつ話していった。今回の生徒に関しては，最初は控えめでいったけど話している中で，もうちょっと踏み込めると思ったのでけっこう聞いた。けど嫌な顔はせず，口数は少ないけれど答えてくれた。生徒によって，遠回しに聞かなくても，原因を聞き出せる場合もあるので，見極めて判断することが大切である。

(2)授業でまとめたプロセスレコードについてのコメント

　このロールプレイでは，先の2例とは異なり，生徒役の第一印象はわりと活発な様子です。教師役は，慎重にかかわろうとしていましたが，生徒役に波長を合わせようと，むしろテンションを少し上げていきます。これは柔軟な対応です。

　しかし，生徒役は⑤で両親について話しはじめると，今度は感情のトーンが落ちていきました。教師役はここで，⑥にあるように具体的に食事のことを質問します。こうした「具体的な問い」は，相談を受ける際にとても重要です。相手に具体的に話してもらえると，受け手は実際の場面を想像しやすくなり，相手の体験に近づくことができます。

　英語教育で5w1hと言いますが「いつwhen，どこでwhere，誰が（と）who，何が（を）what，どうしてwhy，どのようにhow」といったことを状況に応じて質問できると，相談場面が活性化します。

　この問いかけのおかげで，生徒役が1人で食事をせざるを得ない状況が見えてきました。⑨で共感を示すとともに，学級のみんなが生徒を待っており，クラスが彼女の居場所になれることを，教師役は伝えています。どうやら，この生徒は学校に行くのが嫌なわけではないようです。

　なかなか驚かされるのは，この教師役は⑫で，この生徒にできることとして，これから一緒にハンバーガーを食べに行こうと提案します。後々のことを考えると，現実には慎重さが求められる内容です。しかし，その場で子どものニーズを把握し，自分が応えられることとして，こうした考えが生まれてきたことは，今後の柔軟な「実践知」につながると言え，大切にしたい「アイデア」です。アイデアを現実的にどう生かすかが，今後の学校臨床力の向上の鍵になるでしょう。

おわりに

　本書を通じて,「プロセスレコード」の使い方を理解していただけたでしょうか。

　1章3節でも触れましたが,平成29年に告示された新しい学習指導要領[2]の総則には,「児童(生徒)の発達の支援」という項目があり,その中で「学習や生活の基盤として,教師と児童(生徒)との信頼関係及び児童(生徒)相互のよりよい人間関係を育てるため,日頃から学級(ホームルーム)経営の充実を図ること。また,主に集団の場面で必要な指導や援助を行うガイダンスと,<u>個々の児童(生徒)の多様な実態を踏まえ,一人一人が抱える課題に個別に対応した指導を行うカウンセリング</u>の双方により,児童(生徒)の発達を支援すること」と記されています(下線は筆者による)。

　これは小・中・高に共通した内容で,集団指導の大切さだけでなく,子どもと個別にかかわる「カウンセリング」の力量をすべての教師に求めているのが,これまでの学習指導要領とは異なったところです。プロセスレコードは,こうした子どもとの「個別のかかわり」に焦点をあてやすい方法と言えます。本書に即した表現をすると,教師と子どもとの「かかわり合い」をシナリオのように構成し,可視化して読み解くのに適したやり方です。

　「はじめに」で述べましたが,筆者は臨床心理学を専門にしており,カウンセリングや心理療法を行っています。それゆえ,学校教師がどのように子ども達とかかわっているのかに関心が向きます。教師とカウンセラーはもちろん異なる職種ですが,人間関係を通じて子どもを育むという点では,共通する面も多いものです。

　本書では,コフートの自己心理学[16][18][21]の見解をところどころで用いています。子どもの心を育むには,子どもに応答しかかわる働き(自己対象機能といいます)が欠かせません。適切な応答・対応が返ってくれば,子どもは自己をまとまったものと感じて,生き生きとしてきます。どのような応答・対応が必要であるかを見きわめるのは難しいことで,その時の状況と子どもの特性によって異なります。具体的な対応としても,褒めることもあれば,叱ることもあり,大人から積極的にかかわることもあれば,子どもの動きを待つこともあるというように,かなり幅があります。

　もちろん,保護者がもっとも基本となる自己対象の役割を担う存在ですが,教師も

こうした自己対象として役立つ可能性が十分ありますし，それはカウンセラーも同様です。このように，子どもの心の成長・変化と学校教育や家庭をつなげて見ていく際に，筆者は自己心理学の考え方が役立つと感じています。

　筆者はプロセスレコードと出会ったおかげで，現職教員や若い院生達の現場経験について，生き生きとイメージできる（共感できる）機会が格段に増えました。万人に役立つ方法はありませんが，筆者の経験した範囲では，プロセスレコードを書く作業は教師に合っているようで，自己省察に加えて，「かかわり合い」を人に伝え，グループ省察会を行うことが可能になるやり方だと思います。

　プロセスレコードは，教師の「学校臨床力」を磨くための省察法です。1章3節で述べたように，「臨床」という言葉は「個に応じたかかわり」という意味合いがあります。理論や知識は必要ですが，臨床は「マニュアル」という言葉とある意味対極に位置しています。つまり，相手をどう理解し，どう対応するとよいかは，その都度変化するもので，こうすれば良くなるといった操作的なマニュアルはなく，少しでも良いかかわりを「発見する」ことが求められているといえます。プロセスレコードを用いた自己省察とグループ省察会は，その精度を高めていくための，地道ですが確実なやり方といえるでしょう。

　最後に「記録」としての特性と留意点をあげます。

　プロセスレコードの特性は，教師の主観を含めた「私の記録」という点にあります。換言すれば，ある教師の現場経験の記録と言えるでしょう。グループ省察会で用いたように，実際に1人の教師が何を考え，どのように対応をしたのかを，他の教師に「伝える手段」としての価値が，プロセスレコードにはあります。さらに可能性を探れば，連携のための情報共有や，教師のかかわり方の実際を次の世代の教師に継承する際に，プロセスレコードは役立つかもしれません。こうした省察以外の用い方は，今後の研究テーマになると思います。

　「私の記録」ということを裏返すと，プロセスレコードだけでは「子どもの記録」になりにくいと言えます。ここは留意点です。子どもについての多面的な理解を記録するには，「私の記録」よりも「子どもの記録」を使う方が理にかなっています。求められる状況によってどのように記録を残すのか，適切な使い分けが必要になると思います。

　本書は，3章は中学校教諭と，7章は幼稚園教諭との共著です。また，4章と6章のプロセスレコードの実践例（6章はレポートも含む）は京都連合教職大学院生の9名が作成したものです。また，8章のプロセスレコードは京都産業大学生の3名が作成したものです。なお，守秘性を高めるために，4，6，8章の実践例については誰が

どのプロセスレコードを作成したかを明記していませんので，ご了解下さい。

　筆者と出会った現職の教師と，教職を目指す大学院生・学部生の人達が，熱心にプロセスレコードに取り組んだことで，本書に具体的な実践例を掲載することができました。そして，ここには掲載されていない数多くの実践例が背景にあります。

　刊行にあたっては，まず金子書房の木澤英紀氏との出会いからはじまり，実際に本として仕上げていくプロセスにおいては，亀井千是氏にたいへんお世話になりました。本書の企画に注目し，形ある現実の書物にしていただいたことにお礼を申し上げます。

　プロセスレコードの作成者にとって意味のある実践や研究が積み上げられ，「省察」の大切さが多くの教師と学校に共有されることを願っています。

2019年1月

　　　　　　　　　　　　　　　　　　　　　　　　　　　　　　　角田　豊

文献

(1) 角田 豊・片山紀子・小松貴弘編著（2016）『子どもを育む学校臨床力―多様性の時代の生徒指導・教育相談・特別支援―』創元社.

(2) 文部科学省（2017）「小学校学習指導要領（平成29年3月告示）」
http://www.mext.go.jp/component/a_menu/education/micro_detail/__icsFiles/afieldfile/2018/09/05/1384661_4_3_2.pdf（2018年12月3日確認）
（中学校学習指導要領，高等学校学習指導要領にも同様の記載がされています。）

(3) 角田 豊・柴崎朱音（2017）「『学校臨床力』とプロセスレコードによる教師の省察」『京都教育大学紀要』No.131, 1-15.

(4) 角田 豊（2018）「間主観性理論」「精神療法増刊」第5号，120-122，金剛出版.

(5) 丸田俊彦・森さち子（2006）『間主観性の軌跡―治療プロセス理論と症例のアーティキュレーション―』岩崎学術出版社.

(6) Schön, D. A.（1983）*The Reflective Practitioner: How Professionals Think in Action*. New York: Basic Books. 柳沢昌一・三輪建二監訳（2007）『省察的実践とは何か―プロフェッショナルの行為と思考―』鳳書房.

(7) 角田 豊・上良祐子（2018）「プロセスレコードによる教師の自己省察とグループ省察会―中堅中学校教員によるプロセスレコードの具体例―」『京都教育大学紀要』No.133, 101-115.

(8) 角田 豊・掛田みちる（2016）「『学校臨床力』の観点からみた教師の省察を深める事例研究会―教職大学院における事例研究の実際―」『京都教育大学紀要』No.129, 47-61.

(9) Peplau, H. E.（1952）*Interpersonal Relations in Nursing : A Conceptual Frame of Reference for Psychodynamic Nursing*. New York: G.P.Putnam's Sons. 稲田八重子・小林冨美栄・武山満智子・都留伸子・外間邦江訳（1973）『人間関係の看護論』医学書院.

(10) Orlando, I. J.（1961）*The Dynamic Nurse-Patient Relationship : function, process, and principles*. New York: G.P.Putnam's Sons. 稲田八重子訳（1964）『看護の探究』メヂカルフレンド社.

(11) Orlando, I. J.（1972）*The Discipline and Teaching of Nursing Process*. New York: G.P.Putnam's Sons. 池田明子・野田道子訳（1977）『看護過程の教育訓練―評価的研究の試み―』現代社.

(12) Wiedenbach, E.（1964）*Clinical Nursing : a helping art*. New York : Springer. 外口玉子・池田明子訳（1969）『臨床看護の本質―患者援助の技術―』現代社.

(13) Sullivan, H. S.（1947）*Concepts of Modern Psychiatry*. Washington, DC: William Alanson White Psychiatric Foundation. 中井久夫・山口隆訳（1976）『現代精神医学の概念』みすず書房.

(14) 山口美和・山口恒夫（2004）「教師の自己リフレクションの一方法としてのプロセスレコード―看護教育および看護理論との関連から―」『信州大学教育学部紀要』112, 133-144.

(15) 山口恒夫（2008）「問題ははじめから与えられているわけではない―『省察的実践（家）』をめぐって―」弘前大学教育学部教員養成学研究開発センター『教員養成学研究』4, 1-10.

(16) 角田 豊（2014）「学校教育とコフートの自己心理学―生徒指導，キャリア教育・進路指導，教育相談，特別支援教育において児童生徒との関わりと理解を深めるために―」『京都教育大学紀要』No.125, 15-29.

(17) 角田 豊（2016）「37章 教師モードとカウンセラーモード」 角田 豊・片山紀子・小松貴弘編著（2016）『子どもを育む学校臨床力』創元社, 166-169.

(18) 角田 豊・森 佳美（2015）「教師が自己対象として機能すること―教師と児童生徒とのかかわり合いの意義―」『京都教育大学紀要』No.127, 11-26.

(19) 角田 豊（1995）「とらえ直しによる治療者の共感的理解とクライエントの共感性について」心

理臨床学研究, 13, 2, 145-156.
(20) Berger, D. M.（1987）*Clinical Empathy*. NJ: Jason Aronson Inc. 角田 豊・竹内健児・安村直己・西井克泰・藤田雅子訳（1999）『臨床的共感の実際—精神分析と自己心理学へのガイド—』人文書院.
(21) Wolf, E. S.（1988）*Treating the Self*. NY: The Guilford Press. 安村直己・角田 豊訳（2001）『自己心理学入門—コフート理論の実践—』金剛出版.

索　引

あ行

遊び心　*45*
安心感　*3, 59*
意識と無意識　*6*
エピソードタイトル　*19, 22*

か行

ガイダンス　*3, 104*
カウンセラーモード　*40, 96*
カウンセリング　*3, 104*
学習意欲　*4*
学習指導　*55*
学習指導要領　*3, 104*
学校臨床力　*i, 2, 11*
加配教員　*91*
関係性　*3, 7*
関係調節　*9, 37, 44, 50, 54, 69, 91, 92, 99, 101*
関係の断絶　*92*
間主観性（intersubjectivity）　*9*
間主観的アプローチ　*10*
感性　*6, 11, 15*
気づき　*16*
教育相談　*i, 2, 3, 96*
鏡映的な自己対象　*83*
共感　*40, 81*
教師モード　*40*
教職科目　*96*
記録　*86, 91, 105*
具体的な問い　*103*
グループ省察会　*ii, 58, 62, 67, 70, 75*
グループディスカッション　*58, 60*
ケース会議　*11*
行為の中の省察（reflection-in-action）　*15*
個性と社会性　*92*
子どもの言動　*19, 23*
子ども理解　*6*
この場面を選んだ理由　*22*
個別性　*3*

さ行

サリバン（Sullivan, H. S.）　*17*
「叱る」と「怒る」　*44*
自己一致（self-congruence）　*11, 37, 99*
自己感　*8*
自己省察　*ii, 28, 97*
自己心理学　*32, 69, 92, 104*
自己対峙（self-confrontation）　*11, 55*
自己対象（selfobject）　*32, 104*
自己対象機能　*104*
自己調節　*6, 7, 8, 36, 50, 54*
自己理解　*7*
実践者（practitioner）　*14*
実践知　*15, 33, 97, 103*
実践知を生む省察力（reflectivity）　*15, 33*
児童生徒理解　*10, 41, 44*
主観　*7, 23, 105*
省察（reflection）　*7, 14*
省察会の目的　*59, 83*
省察的実践者（reflective practitioner）　*14*
省察の動機　*67*
正直な・自然な（authentic）　*76*
ショーン（Schön, D. A.）　*14*
事例検討の場　*11*
スーパーヴァイザー　*58, 60, 62*
生徒指導　*i, 2, 3, 55*
専門家（expert）と専門職（professional）　*14*
その場に居合わせる観察者（observer on the scene）　*75*

た行

多様性　*3*
断絶－修復プロセス　*92*
チーム　*3*
チームティーチング　*32*

は行

バーガー（Berger, D. M.）　75
発達段階　2
発達特性　2
秘密を守る　101
父性　4, 11, 44, 82
双子自己対象体験　70
不登校　2
プラスのエピソード　17
ふり返りとしての省察　16
プロセスレコード　i, 17, 28, 62, 86
プロセスレコードのフォーマット　17, 22
分析・考察　19, 24
母性　4, 11, 44, 82
本気さ・自然さ（authenticity）　11, 99

ま行

マイナスのエピソード　17
マニュアル　105

ら行

理論と実践の往還　17
臨床　105
ロールプレイ　96

わ行

枠組み　4
私が感じたこと・考えたこと　19, 23
私がこの場面から学んだこと　24
私の言動　19, 24

編著者

角田　豊（かくた・ゆたか）
　1962年生まれ。1991年，京都大学大学院教育学研究科博士後期課程修了　教育方法学専攻（臨床心理学）。博士（教育学），臨床心理士，公認心理師。現在，京都教育大学大学院連合教職実践研究科（京都連合教職大学院）教授・京都産業大学文化学部教授。著書に『共感体験とカウンセリング』（単著，福村出版），『カウンセラーから見た教師の仕事・学校の機能』（単著，培風館），『ポスト・コフートの精神分析システム理論』（共著，誠信書房），『子どもを育む学校臨床力　改訂版』（編著，創元社），訳書にバーガー著『臨床的共感の実際』（共訳，人文書院），ウルフ著『自己心理学入門』（共訳，金剛出版），リヒテンバーグ他著『自己心理学の臨床と技法』（監訳，金剛出版）などがある。

執筆者（所属・肩書きは執筆時）

はじめに，1-2章，3-4章（共著），5章，6-8章（共著），おわりに
角田　豊（かくた・ゆたか）　編者

3章（共著）
柴崎朱音（しばさき・あかね）　大阪市立中学校教諭

4・6章（共著）
日下哲法（ひした・あきのり），川満和磨（かわみつ・かずま），倉田実来（くらた・みく），宮本知佳（みやもと・ちか），中島　彬（なかじま・あき），佐々木沙弥佳（ささき・さやか），高橋遼平（たかはし・りょうへい），植田拓也（うえだ・たくや），宇野和貴（うの・かずき）
　　　　　　　　　　　　　　　いずれも京都連合教職大学院在学：アルファベット順

7章（共著）
西畑ゆか（にしはた・ゆか）　公立幼稚園教諭

8章（共著）
後藤遥名（ごとう・はるな），今駒　葵（いまこま・あおい），三谷早貴（みたに・さき）
　　　　　　　　　　　　　　　いずれも京都産業大学在学：アルファベット順

子どもとの関係性を読み解く
教師のためのプロセスレコード
学校臨床力を磨く自己省察とグループ省察会

2019年3月28日　初版第1刷発行	［検印省略］
2025年3月21日　初版第3刷発行	

編　者　　　角　田　　　豊
発行者　　　金　子　紀　子
発行所　株式会社　金　子　書　房
　　　　〒112-0012　東京都文京区大塚3-3-7
　　　　TEL 03-3941-0111㈹　FAX 03-3941-0163
　　　　振替　00180-9-103376
　　　　URL　https://www.kanekoshobo.co.jp

印刷／藤原印刷株式会社　　製本／有限会社井上製本所

© Yutaka Kakuta et al., 2019　Printed in Japan
ISBN 978-4-7608-2426-7 C3037